- DIPLOMICA -
BAND 6

Herausgegeben von Björn Bedey

Giordano Bruno

An der Schwelle der Moderne

von

Andrea König

Tectum Verlag
Marburg 2003

Die Reihe *diplomica* ist entstanden aus einer Zusammenarbeit der
Diplomarbeitenagentur *diplom.de* und dem *Tectum Verlag*.
Herausgegeben wird die Reihe von Björn Bedey.

König, Andrea:
Giordano Bruno.
diplomica, Band 6
/ von Andrea König
- Marburg : Tectum Verlag, 2003
ISBN 978-3-8288-8558-5

© Tectum Verlag

Tectum Verlag
Marburg 2003

„Ich sterbe als Märtyrer und sterbe gern, und meine Seele wird aus den Flammen zum Paradies emporschweben."

GIORDANO BRUNO

Inhaltsverzeichnis

Vorwort 9
Einleitung: Giordano Bruno – Denker der Zeitwende 11
1. GIORDANO BRUNO – SEIN LEBEN 15
   1.1. Geburt und Kindheit 15
      1.1.1. Geburtsort und Geburtsdatum 15
      1.1.2. Juan Bruno und Fraulissa Savolina 15
   1.2. Die schulische Ausbildung 17
      1.2.1. Die Lateinschule in Nola 17
      1.2.2. Das Studium der freien Künste in Neapel 17
   1.3. Der Eintritt in den Dominikanerorden 20
      1.3.1. Der Orden der Dominikaner 21
      1.3.2. Der Name „Giordano" 22
      1.3.3. Geschichtliches Umfeld 23
      1.3.4. Die Zeit als Mönch 24
      1.3.5. Der erste Prozess 25
      1.3.6. Theologische Karriere 26
      1.3.7. Der zweite Prozess 1576 27
   1.4. Die Jahre auf der Flucht 28
   1.5. Der dritte Prozess vor der venezianischen Inquisition 36
   1.6. Der vierte Prozess vor der römischen Inquisition 37
   1.7. Verurteilung und Hinrichtung 38
   1.8. Giordano Bruno und die Inquisition 39
2. GIORDANO BRUNO – SEINE LEHRE 43
   2.1. Kosmologie 44
   2.2. Metaphysik 52
      2.2.1. Unendlichkeit 53
      2.2.2. Weltseele 54
      2.2.3. Materie und Substanz 55
      2.2.4. Monade 56
      2.2.5. Atome 58
      2.2.6. Seele 59

2.2.7. Das Prinzip der Einheit 62
2.2.8. Zusammenfassung 65
2.3. Anthropologie 66
2.4. Brunos Tugendlehre 68
2.5. Die magischen Schriften 69
2.6. Zusammenfassung: Das philosophische System Giordano Brunos .. 73
3. GIORDANO BRUNO UND DIE KIRCHE 75
3.1. Brunos frühe Zweifel 75
3.1.1. Der Inhalt der Zweifel 76
3.1.1.1. Trinität: 76
3.1.1.2. Die Zahlenidee des Einen und der Drei: 78
3.2. Die Abkehr vom Christentum 81
3.3. Brunos Religionsphilosophie 83
3.4. Die Suche nach der wahren Naturphilosophie der Antike 90
4. GIORDANO BRUNO – AN DER SCHWELLE DER MODERNE 93
4.1. Die religiösen Umwälzungen am Ende des Mittelalters 95
4.2. Voraussetzungen und Einflüsse Giordano Brunos 96
4.2.1. Die Abwendung vom Aristotelismus 96
4.2.2. Nikolaus von Kues: Die metaphysische Voraussetzung 98
4.2.2.1. Die belehrte Unwissenheit: 98
4.2.2.2. An der Schwelle einer Epoche: 101
4.2.3. Nikolaus Kopernikus: Die kosmologische Voraussetzung .. 102
4.2.3.1. Kopernikus' Kosmologie: 103
4.2.3.2. Giordano Brunos kopernikanische Konsequenz: 104
4.3. *„Il pensiero Bruniano"* – Brunos Nachwirkungen und Einflüsse auf die Folgezeit 105
4.3.1. Giordano Bruno und Baruch de Spinoza 107
4.3.2. Giordano Bruno und Gottfried Wilhelm Leibniz 108
4.3.3. Giordano Bruno und René Descartes 110
4.3.4. Giordano Bruno und Johann Wolfgang von Goethe 112
4.3.4.1. Goethes entelechische Monade: 112
4.3.4.2. Goethes Faust: 114
4.3.4.3. Goethes Naturphilosophie: 115
4.3.5. Giordano Bruno und der deutsche Idealismus 117

4.3.6. Giordano Bruno und die italienische Renaissanceforschung.....118
4.3.7. Giordano Bruno und das 20. Jahrhundert.....119
4.3.8. Zusammenfassung.....120

5. Schluss: Moderne Häresie.....123

GIORDANO BRUNO – ZEITTAFEL.....126

Literaturverzeichnis.....130

Vorwort

Theologie und Naturwissenschaft – eine langwierige Diskussion, bei der sich die beiden Bereiche über einen großen Zeitraum hinweg konkurrierend gegenüberstanden. Bis ins 19. Jahrhundert wurde versucht, die naturwissenschaftlichen Aussagen der Bibel als Offenbarungswahrheit gegen die Naturwissenschaft der Neuzeit zu behaupten (vgl. dazu den Prozess Galileo Galilei). Neue Erkenntnisse und Theorien wurden geradezu bekämpft. Andererseits hatten die Naturwissenschaften kein Interesse daran, sich mit der Theologie auf eine Diskussion einzulassen. Sie versuchten die Ordnung der Natur mit rein rationalem Denken zu erklären.

Im Rahmen meines Theologiestudiums besuchte ich mehrere Veranstaltungen zu diesem Thema, das bei mir besonderes Interesse regte. Bei der mich interessierenden Frage nach den Vorbedingungen und Alternativen der neuzeitlichen Wissenschaft wurde ich aufmerksam die Werke des italienischen Renaissancephilosophen Giordano Bruno. Seine Vision von einem unendlich belebten Universum stößt auch heute noch bei Kirche und Naturwissenschaft gleichermaßen auf Ablehnung. Weder für die Kirche noch für die Naturwissenschaft ist der unendliche Weltseele-Raum des Giordano Bruno eine integrierbare Größe. Das Thema schien mir passend für eine Magisterarbeit, da es nicht nur die Person Bruno und sein Werk, sondern auch einen Gegenwartsbezug beinhaltet. Die Absicht dieser Arbeit ist es daher, nicht nur die Problematik der Person und des Werkes zu thematisieren, sondern auch die Wirkung, die von Giordano Bruno ausging und die Nachfolgezeit bis in die Gegenwart beeinflusste. Die Primärliteratur sollte dabei nicht zu einer bloßen Anmerkung der Sekundärliteratur, sondern Ausgangspunkt der Arbeit sein.

Danken möchte ich an dieser Stelle meiner Familie, die mir dieses Studium ermöglicht hat. Mein besonderer Dank gilt darüber hinaus Herrn Prof. Dr. Dr. h.c. Hans Schwarz, der diese Arbeit betreute und durch Ermutigung und Kritik förderte, sowie Herrn Prof. Dr. Martin Bröcking-Bortfeldt und allen Mitarbeitern des Instituts für Evangelische Theologie der Universität Regensburg, die mir jederzeit mit Rat zur Seite standen.

Widmen möchte ich die Arbeit Monika Nürnberger, die aufgrund eines tragischen Unfalls viel zu früh aus dem Leben geschieden ist und das Endresultat somit leider nicht mehr zu lesen bekam.

Regensburg, Juli 2001 *Andrea König*

Einleitung:

Giordano Bruno – Denker der Zeitwende

Am 17. Februar 1600 wurde auf Befehl der päpstlichen Inquisition auf dem *Campo di Fiore* in Rom einer der bedeutendsten Denker der italienischen Renaissance auf dem Scheiterhaufen verbrannt – Giordano Bruno. In ihm begegnet uns einer der merkwürdigsten und umstrittensten Männer des 16. Jahrhunderts. Obwohl sicherlich nicht ganz ohne Vorläufer, war er doch der erste bedeutende Vertreter einer neuen Form von Inquisitionsopfern. Er gehörte keiner Reformrichtung der damaligen Zeit an, sondern ging seinen eigenen Weg als Philosoph und Freidenker. Lange Zeit wurde Giordano Bruno neben seinem berühmten Zeitgenossen Galileo Galilei (1564-1642) eine eher geringe Bedeutung beigemessen, was den wissenschaftlich-philosophischen Rang und den Inhalt seines umfangreichen Werkes angeht. Neben den großen Denkergestalten der italienischen Renaissance fand Bruno keineswegs allgemein solche Anerkennung, sondern galt vielmehr von seinen Lebzeiten (1548–1600) bis weit in die Moderne als umstritten. Dennoch gab es nur wenige Denker, die ihren Stimmungsgehalt mit solcher Originalität und Geisteskraft Ausdruck zu verleihen vermochten wie Giordano Bruno. Obwohl sein Name nach seinem Tod zunächst geächtet blieb, ging von Bruno ein Einfluss aus, der in der Nachfolgezeit auf viele Menschen Faszination ausübte und wichtige Denkanstöße bot. Bruno versuchte sich von aller Autorität loszureißen und durch Selbstdenken das Unendliche zu erfassen. Mit seiner impulsiven und lebensbejahenden Einstellung sprengte Bruno die Vorstellungswelt des Mittelalters und sprach mit seiner Philosophie das an, wonach die Zeit drängte. Mag er auch für das moderne Denken eine zu wenig repräsentative Gestalt gewesen sein, so leistete Giordano Bruno doch einen entscheidenden Beitrag dazu, das Tor zur Neuzeit zu öffnen.

So bewunderungswürdig und faszinierend dieser Mann wegen seines tief eindringenden Geistes und wegen seines Schicksals in der Geschichte auch erscheint, so wenig kennt man ihn jedoch ganz. Vieles in seiner Lebensgeschichte ist noch unbekannt, dunkel und rätselhaft. Da die römischen Prozessakten bislang ebenso wenig veröffentlicht worden sind, wie die zu den Akten überreichten Schriften, zu denen auch eine in der Schlussverhandlung eröffnete Verteidigungsschrift kam, so liegt ein undurchdringlicher Schleier über dem tragischen Schicksal Brunos. Eine nicht unentscheidende Rolle spielte hierbei auch die Einflussnahme der katholischen Kirche, die Brunos Schriften von 1603 bis in das Jahr 1965 auf den *Index librorum prohibitorum*, die Liste kirchlicherseits verbotener Bücher, setzte. Während Galileo Galilei 1992 „rehabilitiert" wurde, ist die Feindschaft der katholischen Kirche Giordano Bruno gegenüber nie aufgehoben worden. Dafür gibt es Gründe, die, rätselhaft genug, kaum bekannt sind, aber aus denen ersichtlich wird, dass Bruno auch heute noch ein Ketzer wäre, der der katholischen Kirche gegenüber stünde. Die bis zum heutigen Tage anhaltende Diskrepanz bewies auch der Besuch des gegenwärtigen Papstes Johannes Paul II. in Nola, dem Geburtsort des Philosophen, im Mai 1992, als man ein Denkmal Giordano Brunos mit einer Plane verhüllte.

Giordano Bruno starb nicht als Zweifler oder als Ketzer, dessen dogmatische Abweichungen nur innerchristliche Vorgänge betrafen, sondern für einen Widerspruch, der sich gegen das Zentrum und die Substanz des christlichen Systems richtete. Er führte eine neue Gottheit herauf, die Unendlichkeit. Aus der Kopernikanischen Wende, nach der die Erde nicht länger als Mittelpunkt des Universums gelten konnte, zog Bruno die Schlussfolgerung, dass das Dasein des Menschen von Grund auf revidiert werden müsse. Die Kirche hatte schon die wissenschaftliche Auffassung von Nikolaus Kopernikus (1473-1543) abgelehnt, weil diese die Zerstörung ihres weltanschaulichen Gebäudes darstellte. Noch viel mehr bedroht sah sich die Kirche jedoch von Brunos philosophischer Unendlichkeitslehre, welche die Anhaltspunkte des Christentums in Nichts aufzulösen drohte. Mit denkerischer Schärfe und Intuition nahm Giordano Bruno Vieles vorweg, was Naturwissenschaftler erst später entdeckten. Als Denker der Zeitwende, der ein neues Weltbild und die moderne Naturwissenschaft initiierte, wird er heute von vielen Interpreten, wie z.B. Hans Blumenberg, allgemein charakterisiert.[1] Über die Auswirkungen und Folgen der Werke

---

[1] Vgl. Blumenberg, Hans: *Aspekte der Epochenschwelle. Cusaner und Nolaner.* Suhrkamp Taschenbuch Wissenschaft 174, Frankfurt a.M., 1976, S.109ff.

Giordano Brunos im Zeitraum vom 16. bis zum Beginn des 19. Jahrhunderts lassen sich keine zuverlässigen Aussagen machen. Es gibt kaum explizite Bezugnahmen auf seine Schriften oder gar namentliche Nennungen. Dies liegt höchstwahrscheinlich daran, dass aufgrund seiner Verurteilung durch die Inquisition und der Indizierung seiner Schriften eine Auseinandersetzung mit seiner Lehre als Risiko gegolten haben mag und die Berufung auf Bruno die Gefahr bedeutete, als Sympathisant eines Irrlehrers in Verruf zu geraten.

Ziel dieser Arbeit ist es, nicht nur einen Einblick in das Leben und die umfangreiche Lehre des italienischen Renaissancephilosophen, der an der Schwelle der Moderne stand, zu gewähren, sondern auch einen Erklärungsansatz für die unerschöpfliche Erbitterung der Kirche gegen den Mitbruder Giordano Bruno und seine Auswirkungen auf die Folgezeit darzustellen.

1. GIORDANO BRUNO – SEIN LEBEN

1.1. Geburt und Kindheit

1.1.1. Geburtsort und Geburtsdatum

Giordano Bruno wurde höchstwahrscheinlich im Jahre 1548 geboren. Diese Angabe über seine Person machte Bruno selbst bei einem der zahlreichen Inquisitionsverhöre am 29. Mai 1592, als er aufgefordert wurde, sein Leben kurz darzustellen.[2]

Der Geburtsort Brunos ist Nola, eine kleine Stadt in Süditalien, die zwischen dem Meer und dem Vesuv, ca. 20 km nordöstlich der Stadt Neapel gelegen ist. Bruno war immer stolz darauf, in Nola geboren zu sein, was sich daraus schließen lässt, dass er sich später selbst oft *Jordanus Nolanus* oder einfach nur *Il Nolano* nannte.

Von seinen Eltern war Bruno ursprünglich auf den Namen Filippo getauft worden. Den Namen Giordano, unter welchem er bekannt wurde, erhielt er erst viel später.

1.1.2. Juan Bruno und Fraulissa Savolina

Giordano Brunos Vater, Juan Bruno, war von Beruf Soldat und diente der Armee der spanischen Vizekönige von Neapel. Er war ungefähr 23 Jahre alt, als Giordano Bruno das Licht der Welt erblickte. Der Vorname des Vaters lässt auf spanische Vorfahren schließen, was bisher jedoch nicht nachgewiesen werden konnte. Dass spanische Familien im 15. und 16. Jahrhundert nach Italien einwanderten war nicht ungewöhnlich. Die spanischen Könige versuchten damals durch Förderung der Einwanderung spanischer Familien nach Italien die spanische Herrschaft in Süditalien zu festigen.

---

[2] Vgl. Bruno, Giordano: *Inquisitionsakten*. In: Kuhlenbeck, Ludwig: *Giordano Bruno – Gesammelte Werke: Kabbala, Kyllenischer Esel, Reden, Inquisitionsakten.*. Bd.6, Eugen Diederichs Verlag, Jena 1909, S.160.

Bruno hat seinen Vater Zeit seines Lebens geliebt und verehrt. Von ihm ging eine wesentliche Prägung auf die Persönlichkeit Giordano Brunos aus, denn wie Bruno später öfter in seinen Werken berichtet, vermittelte ihm sein Vater wichtige Denkanstöße. Seine Achtung gegenüber seinem Vater drückte er später in seinen in Italienisch abgefassten Werken aus, in denen er Juan Bruno als Einflussgröße u.a. neben Platon, Aristoteles, Epikur und Seneca namentlich nennt.[3]

Juan Bruno war ein einfacher Mann und das blieb er sein ganzes Leben lang. Er machte keine große Karriere und blieb seinem Beruf immer treu. Das Datum seines Todes ist nicht bekannt. Als einzige Quelle dient die Aussage Giordano Brunos bei seinem ersten Verhör vor der Inquisition am 29. Mai 1592, bei dem er wusste, dass sein Vater bereits gestorben war.[4]

Von Giordano Brunos Mutter, Fraulissa Savolino, ist außer ihrem Namen fast nichts bekannt. Selbst der Name ist nicht genau bezeugt, da Fraulissa eine Italienisierung des Wortes „Frauchen" oder „kleine Frau" darstellt und eher als Kosename, aber nie als Personenname Verwendung fand. Höchstwahrscheinlich war die Familie Savolino auch eine Soldatenfamilie, da sie, wie die Familie Bruno, in der Soldatensiedlung Nolas ansässig war. Sie wurde ca. 1522 geboren, heiratete 1545 Juan Bruno und brachte im Alter von 26 Jahren mit Filippo Bruno ihr wahrscheinlich einziges Kind zur Welt. Im Gegensatz zu seinem Vater, erwähnte Bruno seine Mutter in seinen Werken kein einziges Mal. Vieles von ihr bleibt daher unbekannt. Lediglich, dass sie vor dem 29. Mai 1592 gestorben sein muss ist bekannt, da Bruno bei seinem ersten Verhör vor der Inquisition die Angabe machte, dass seine Mutter bereits verstorben sei.[5]

---

[3] Vgl. Bruno, Giordano: Eroici furori. In: Kuhlenbeck, Ludwig: Giordano Bruno – Gesammelte Werke: Eroici furori (Zwiegespräche vom Helden und Schwärmer). Bd.5, Eugen Diederichs Verlag, Jena 1907, S.44.

[4] Vgl. Bruno, *Inquisitionsakten*. In: Kuhlenbeck, *Gesammelte Werke*, Bd.6, 1909, S.160.

[5] Vgl. ebd., S.160.

1.2. Die schulische Ausbildung

1.2.1. Die Lateinschule in Nola

Im Alter von etwa zehn Jahren wurde Filippo auf die städtische Schule in Nola geschickt. Dort brachte man ihm Lesen und Schreiben, sowie die lateinische Sprache bei. Mit dem Eintritt in die Lateinschule, die als Vorbereitung auf ein Studium diente, betrat Giordano Bruno um 1558 den Bildungsweg, der seit dem Hochmittelalter üblich war. Lesen, Schreiben und fehlerfreies Latein in Wort und Schrift stellten zu dieser Zeit die Grundbedingungen für ein Universitätsstudium dar. Die Vermittlung dieser Fähigkeiten kam dem niederen Schulwesen der Lateinschulen in den Städten zu, wie der, auf die Giordano Bruno geschickt wurde. Sein Vater strebte daher höchstwahrscheinlich eine akademische Karriere seines Sohnes an.[6]

1.2.2. Das Studium der freien Künste in Neapel

1562 verließ Bruno die Lateinschule in Nola, um in Neapel das Studium der freien Künste zu beginnen. Das Studium an einer Universität gliederte sich damals in zwei Teile: das Studium der *artes* oder der freien Künste und das Studium der eigentlichen Fachausbildung. Das *artes*-Studium setzte sich wiederum zusammen aus dem Trivium und dem Quadrivium. Das Trivium bestand aus dem Studium der Grammatik und der Dialektik, bzw. der Logik. Am Ende dieses Studienabschnittes erhielt man den Titel des *baccalarius artium*. Im Hauptstudium, dem Quadrivium, lag der Schwerpunkt der Studien auf der aristotelischen Philosophie. Das erfolgreiche Studium wurde mit der Erlangung des Titels eines *magister artium* abgeschlossen. Erst dann begann die eigentliche Fachausbildung, die bis ins 18. Jahrhundert hinein nur drei Studienrichtungen zur Auswahl bot: Theologie, Medizin und Rechtswissenschaften.

Giordano Bruno war ungefähr vierzehn Jahre alt, als er 1562 nach Neapel ging und das Studium der freien Künste begann. In Neapel wurde er von

---

[6] Vgl. Martin Luther, dessen Vater Hans Luder seinem Sohn eine juristische Karriere zugedacht hatte.

unterschiedlichen Lehrern unterrichtet und erhielt eine sehr gute Ausbildung in der lateinischen Sprache und der aristotelischen Logik. Seine Lehrer aus dieser Zeit hatten entscheidenden Einfluss auf die Entwicklung Giordano Brunos. Teofilo Galliano de Variano, ein Augustiner-Eremit, unterrichtete Filippo drei Jahre lang im Einzelunterricht.[7] Als der junge Filippo Bruno 1562 zu Teofilo de Variano kam, hatte dieser gerade sein *studium generale* mit dem Erwerb des Titels *magister artium* abgeschlossen. Ihm kam die Aufgabe zu, den jungen Bruno in das Studium der Logik einzuführen. Seinen Schwerpunkt setzte er jedoch anscheinend eher auf die aristotelische Naturphilosophie und Kosmologie, denn bereits 1565, nach den drei Jahren bei Teofilo de Variano, war der junge Bruno fähig, die Grundlagen der aristotelischen Kosmologie zu durchschauen. Teofilo de Variano hinterließ bei Bruno einen nachhaltigen Eindruck. So verfasste Giordano Bruno 1584 Dialoge über kosmologische Fragen, in denen ein Dialogpartner namens Teofilo die Lehren des Giordano Brunos verteidigt.[8] Ob Teofilo de Variano Bruno mit den Werken des Nikolaus Kopernikus bekannt gemacht hat, lässt sich nicht konkret beantworten. Die kosmologischen Entwürfe des Nikolaus Kopernikus waren allgemein nicht anerkannt, galten aber damals bereits als ernstzunehmender Gegenentwurf zur aristotelischen Kosmologie. Wahrscheinlicher ist, dass Teofilo de Variano den jungen Bruno mit den Werken des Johannes de Sacrobosco – oder auch Johannes de Sacro Busto – vertraut machte.

Die Werke des Johannes de Sacrobosco galten seit dem 13. Jahrhundert als grundlegend und hatten Eingang an den Universitäten gefunden. Das Buch „*De Sphoera*", ein Werk über Kosmologie, wurde offiziell als Lehrbuch an sowohl katholischen als auch protestantischen Universitäten benutzt und zahlreich kommentiert.[9] Einer dieser Kommentare war verfasst

---

[7] Vgl. Bruno, *Inquisitionsakten*. In: Kuhlenbeck, *Gesammelte Werke*, Bd.6, 1909, S.161.

[8] Vgl. Bruno, Giordano: *Das Aschermittwochsmahl*. In: Kuhlenbeck, Ludwig: *Giordano Bruno – Gesammelte Werke: Das Aschermittwochsmahl*. Bd.1, Eugen Diederichs Verlag, Leipzig 1904, S.45-174.

[9] Den Titel des Buches „*De umbris idearum*" (zu Deutsch: „Von den Schatten der Ideen") entlieh Giordano Bruno aus einem Kommentar des Buches „*De Spoera*" von Sacrobosco.

von Cecco Asculano. Giordano Bruno war fasziniert von diesem Kommentar, so dass er später nicht nur selbst Vorlesungen über „De Sphoera" hielt, sondern in seinen eigenen Werken aus dem Kommentar des Cecco Asculano zitierte.[10]

Brunos zweiter Lehrer, Vincenzo Colle de Sarno, der sich, ähnlich wie Bruno später *Il Nolano, Il Sarnese* nannte, unterrichtete ab 1564 an der Fakultät der Freien Künste der Universität Neapel und hielt dort Vorlesungen über aristotelische Logik für Studenten des Trivium. Giordano Bruno besuchte, wie er später bei seinem ersten Verhör vor der venezianischen Inquisition am 29. Mai 1592 angab, zwar seine Vorlesungen, schien jedoch wenig davon beeindruckt gewesen zu sein.[11] Er erwähnte ihn später in keinem einzigen Werk und konnte sich, als er vor der Inquisition über sein Leben berichtete, nicht mehr an seinen vollständigen Namen erinnern.

Auch in der Gedächtniskunst, der sog. Mnemonik, die Bruno sein Leben lang beschäftigen und ihn später auch berühmt machen sollte, war er bereits gut bewandert, als er 1565 sein Studium an der Universität von Neapel beendete und in das Dominikanerkloster eintrat. Bei der Mnemonik, der Gedächtniskunst, handelt es sich um die Lehre, möglichst viele Wissensinhalte in systematischer Reihenfolge auswendig zu lernen und wiedergeben zu können. Die Mnemonik galt ursprünglich in der Antike als Spezialgebiet der Rhetorik und diente Rednern dazu, sich lange Referate und Vorträge, die frei gehalten werden mussten, anzutrainieren. Im Mittelalter wurde die Mnemonik dann hauptsächlich Teil des Predigtdienstes, um Prediger dazu zu befähigen, teilweise mehrstündige Predigten in freier Rede vorzutragen. Zur Zeit Giordano Brunos kam der Mnemonik auch die neue Aufgabe zu, Wissenschaften zu ordnen und zu gliedern.

Mit Mnemonik beschäftigten sich jedoch weder Teofilo de Vairano noch Vincenzo Colle, so dass Bruno noch einen weiteren Lehrer gehabt haben

---

[10] Vgl. Bruno, Giordano: *Über die Monas, die Zahl und die Figur.* In: Samsonow, Elisabeth von: *Giordano Bruno.* Deutscher Taschenbuch Verlag, München, 1999, S.372.
[11] Vgl. Bruno, *Inquisitionsakten.* In: Kuhlenbeck, *Gesammelte Werke,* Bd.6, 1909, S.161.

muss, der ihn in dieses Gebiet einführte.[12] Ungeklärt bleibt bis heute jedoch, wer dieser Lehrer war, sowie die Frage, warum Giordano in Mnemonik ausgebildet wurde.

In all seinen später verfassten eigenen Werken über Mnemonik, verwendete Bruno immer auch eine besondere Form der Geometrie, die man später *Konkrete Geometrie* benannte. Giordano Brunos *Konkrete Geometrie* unterschied sich von der damals gängigen mathematischen Geometrie darin, dass er jede Naturbeschreibung, die mit den Gesetzen der Arithmetik arbeitete, ablehnte; ebenso wie Naturbetrachtungen, die sich auf Experimente stützten, anstatt Dinge zu figurieren. Bruno kannte stattdessen nur natürliche Zahlen. Kommazahlen, Brüche und auch die Zahl Null gab es für ihn nicht.

Auch mit *Konkreter Geometrie* hatten sich weder Teofilo de Vairano noch Vincenzo Colle befasst. Sein dritter Lehrer, der ihn in die Gedächtniskunst eingeführt haben mag, kommt ebenso wenig als Vermittler dieser Geometrieform in Frage, da die Verbindung von Mnemonik und geometrischen Fragestellungen nicht vorkam. Dies lässt die Schlussfolgerung zu, dass Giordano Bruno in Neapel höchstwahrscheinlich noch einen vierten Lehrer hatte, der ihm die Grundlagen dessen vermittelte, was er später zu seiner *Konkreten Geometrie* ausbaute.[13] Ob dies wirklich so war, muss jedoch offen bleiben, zudem diese Form der Geometrie nicht jene war, die damals an den Universitäten gelehrt wurde. Ebenso bleibt fraglich, wer ihm diese Kenntnisse vermittelt haben könnte.

1.3. Der Eintritt in den Dominikanerorden

Im Jahre 1565 schloss Giordano Bruno sein Studium an der Universität in Neapel ab. Während seines dreijährigen arbeitsreichen Aufenthaltes an der Universität hatte er sich vieles angeeignet, was ihm später als Grundla-

---

[12] Vgl. Eggert, Alexander: *Giordano Bruno – Die Biographie eines Günstlings.* Berlin – Friedenau 1989, S.54.

[13] Vgl. Eggert, *Giordano Bruno,* 1989, S.56.

ge seiner zahlreichen Werke diente. Sein Verlangen nach Wissen war jedoch 1565 keineswegs gestillt. Im Gegenteil, er wollte sich noch viel mehr aneignen. So kam es zu einer Lebensentscheidung, als der damals etwa siebzehn Jahre alte Filippo Bruno am 15. Juni 1565 in das Kloster *San Domenico Maggiore* in Neapel, einem Kloster des Dominikanerordens, eintrat.

Über den Grund seines Eintritts in einen Orden wurde in der Literatur viel spekuliert. Naheliegend ist, dass Bruno, der aus armen Verhältnissen stammte, nur als Ordensmann seine Studien fortsetzen konnte. Ordenseintritte aus diesem Grund waren zu dieser Zeit nichts Ungewöhnliches.

1.3.1. Der Orden der Dominikaner

Der Dominikanerorden war ein Bettelorden. Er verfügte über ein ausgeklügeltes Studiensystem, das vor allem junge Menschen anzog. Der Orden, der auf den in Spanien gebürtigen Stifter Dominikus (um 1170-1221) zurückgeht, hatte ein klares Ziel, nämlich im Auftrag der Kirche Bekehrungsarbeit zu leisten. Diesem Ziel waren Armut, Studium und Tun untergeordnet. Bereits in den frühen Anfängen des Ordens wurde die Pflicht zur wissenschaftlichen Ausbildung der „Prediger", wie man die Brüder des hl. Dominikus auch nannte, zur Regel. Als Grundlage diente damals die Kanonikerregel des hl. Augustinus erweitert durch die Pflicht zur Armut, zur öffentlichen Predigt und zum Studium. Immer schon fühlte sich vor allem die geistige Elite von den Idealen des hl. Dominikus, der bereits 1234 - kurz nach seinem Tod – heilig gesprochen wurde, angezogen. Zahlreiche Kleriker und Gelehrte, darunter zum Beispiel Albertus Magnus (um 1200-1280) und Thomas von Aquin (1225-1274) gehörten dem Orden an. Später wurden die Schriften des Thomas von Aquin vom Generalkapitel zur Grundlage des Ordensstudiums bestimmt.[14]

Zur Ausbildung eines Predigers im Dominikanerorden gehörte im 16. Jahrhundert auch die Ausbildung in der Gedächtniskunst. Die bedeutensten

---

[14] Vgl. Hawel, Peter: *Zwischen Wüste und Welt. Das Mönchtum im Abendland.* Kösel Verlag, München 1997, S.329ff.

Werke des 16. Jahrhunderts über Mnemonik wurden von Dominikanern, wie zum Beispiel Johannes Romberg (um 1480-1532), verfasst. Es liegt die Vermutung nahe, dass Giordano Bruno genau aus diesem Grund in den Orden der Dominikaner eintrat. Hinzu kam höchstwahrscheinlich Brunos frühe Verehrung für Thomas von Aquin, der im Kloster *San Domenico Maggiore* gelehrt hatte, was ausschlaggebend dafür gewesen sein mag, dass Bruno in Neapel und nicht in seiner Heimatstadt Nola dem Orden beitrat. Bruno promovierte später sogar über Thomas von Aquin und hielt Vorlesungen über ihn. Auch dass Thomas von Aquin bis ins 19. Jahrhundert hinein als einer der Begründer der Mnemonik galt, unterstützt die Vermutung über Brunos Entschluss.

Der Orden der Dominikaner hatte noch eine weitere Eigentümlichkeit, die, wie sich später herausstellte, im Leben Giordano Brunos von entscheidender Wichtigkeit war. Der Dominikanerorden galt als Orden der Inquisitoren. Diese Tatsache veranlasste im 16. Jahrhundert viele Menschen zum Eintritt, da sie lieber Inquisitionsrichter als Inquisitionsopfer sein wollten.

1.3.2. Der Name „Giordano"

Bei der Aufnahme in den Dominikanerorden legte sich der Novize Filippo Bruno, den Gewohnheiten des mönchischen Lebens folgend, einen neuen Rufnamen zu. Von diesem Zeitpunkt an hieß er Giordano – in lateinischer Form *Jordanus* – Bruno.

In Zukunft sollte er nur noch unter diesem Namen auftreten. All seine Werke sind mit diesem Namen betitelt. Den Namen Filippo benutzte er später höchstens noch, wenn er auf der Flucht war.[15] Bei der Aufnahme in einen Orden war es üblich, dass die Novizen ihren Namen ablegten und stattdessen den Namen eines Heiligen annahmen. Giordano war im 16. Jahrhundert in Süditalien ein weitverbreiteter Name zahlreicher lokaler Heiliger. Der Dominikanerorden hingegen kannte nur eine bedeutende Person, die diesen Namen trug: Jordanus Nemorarius (+ 1220). Dieser war be-

---

[15] Vgl. Bruno, *Inquisitionsakten*. In: Kuhlenbeck, *Gesammelte Werke*, Bd.6, 1909, S.203.

kannt geworden für seine theoretischen Abhandlungen auf den Gebieten der Geometrie, der Arithmetik und den Naturwissenschaften. Im Mittelalter galten seine Abhandlungen als grundlegende Werke in der Mathematik und wurden später auch in der Renaissance noch oft benutzt.

Die Wahl ausgerechnet dieses Namens könnte bei Bruno reiner Zufall gewesen sein. Es könnte jedoch auch sein, dass er mit dieser Wahl bereits damals in Bezug auf Jordanus Nemorarius seinem Interesse Ausdruck verleihen wollte. Diese Vermutung lässt sich jedoch nicht nachweisen, da nicht genau bekannt ist, ob Bruno die Werke des Jordanus Nemorarius wirklich kannte. In seinen Werken hat er Nemorarius niemals erwähnt.

1.3.3. Geschichtliches Umfeld

Als Giordano (Filippo) Bruno am 15. Juni 1565 dem Orden der Dominikaner beitrat, hatte Papst Pius IV. den päpstlichen Stuhl der katholischen Kirche inne. Etwa eineinhalb Jahre zuvor war am 4. Dezember 1563 das Trienter Konzil zum Abschluss gebracht worden, ein Jahr zuvor, am 30 Juni 1564, das Konzil durch den Papst bestätigt worden, und knapp ein halbes Jahr zuvor, am 13. November 1564, das tridentinische Glaubensbekenntnis veröffentlicht worden. Die katholische Kirche befand sich zurzeit von Brunos Eintritt in den Orden in einer Umbruchphase. Angesichts der Bedrohung durch den Protestantismus, sollte die Kirche reformiert und einer Neuordnung unterzogen werden. Papst Pius IV. galt als sehr tolerant. Etwa ein Jahr vor Brunos Eintritt hatte er einen neuen *Index librorum prohibitorum* herausgeben lassen, in welchem er die Zahl der kirchlicherseits verbotenen Bücher erheblich reduzierte.

Auch Giordano Bruno strebte Zeit seines Lebens eine Reform der katholischen Kirche an. Etwa ein Jahr nach seinem Eintritt in den Dominikanerorden hatte er es geschafft, aufgrund seiner Gedächtniskunst erstmals nicht nur in, sondern auch außerhalb Neapels Bekanntheit zu erlangen. So wurde auch die Römische Kurie zum ersten Mal auf ihn aufmerksam. Als Giordano Bruno etwa 20 Jahre alt war, wurde er schließlich mit Papst Pius V.[16] bekannt gemacht. Dieser scheint auf Bruno einen tiefen Eindruck hinterlassen zu haben, denn Papst Pius V. widmete er sein Erstlingswerk, das etwa um 1570 entstand und den Titel „L`Arca di Noé" (zu Deutsch: „Die Arche Noah") trug. Das Werk gilt heute als verschollen.

Auch zu den höchsten Oberen des Dominikanerordens pflegte Bruno sehr gute Kontakte. Die Annahme, dass mehrere einflussreiche Gönner auf der Seite Giordano Brunos standen, deren Persönlichkeit größtenteils im Verborgenen blieb, ist naheliegend. Nur so lässt sich erklären, warum es Bruno möglich war, im Dominikanerorden nicht nur einen Grundstein für seine Karriere zu legen, sondern trotz bereits früher Zweifel am Christentum, zu deren Äußerung er in der Folgezeit immer mehr neigte, seine Studien fortzusetzen und 1576 zum Doktor der Theologie zu promovieren.

1.3.4. Die Zeit als Mönch

Als Giordano Bruno am 15. Juni 1565 in den Dominikanerorden eintrat, setzte er seine *artes*-Studien fort, beendete das Trivium und studierte das Quadrivium. Er beschäftigte sich fast ausschließlich mit der Naturphilosophie und der Metaphysik des Aristoteles, mit Mathematik und den Naturwissenschaften. Zudem setzte er sich allgemein mit antiker christlicher Theologie und der Mnemonik auseinander.

Das Quadrivium bestand zu dieser Zeit im Wesentlichen aus dem Studium der Werke des Aristoteles. Obwohl Giordano Bruno keines der Werke der aristotelischen Lehrtradition je in der Originalsprache gelesen hat, da er nur der lateinischen Sprache mächtig war, entwickelte er sich zu einem ausgesprochenen Aristoteleskenner.

---

[16] Papst Pius V. (1504-1572), Papst (1566-1572): zeichnete sich durch strenge Reformen und repressive Maßnahmen gegen Andersdenkende aus; war mit 14 Jahren in den Dominikaneroreden eingetreten nd arbeitete seitdem für die Inquisition bis er zum Großinquisitor ernannt wurde. Setzte hauptsächlich die Tridentinischen Konzile um, schloss eine heilige Allianz gegen die Türken und exkommunizierte Elisabeth I. von England; wurde 1712 heilig gesprochen.

In den sieben Jahren, die er von 1565 bis 1572 im Orden der Dominikaner verbrachte, entdeckte er auch seine Leidenschaft für Dichtung. In den lateinischen Klassikern, wie zum Beispiel Ovid, Horaz oder Vergil, war Bruno enorm belesen und zitierte diese mit Vorliebe in seinen späteren Werken. Seine Leidenschaft für Dichtung setzte Bruno in der Folgezeit in zahlreichen selbstverfassten philosophischen Lehrgedichten um.

1.3.5. Der erste Prozess

Giordano Bruno besaß einen sehr lebhaften und energischen Charakter, den er besonders auslebte, wenn es Ansichten betraf, die er vertrat oder denen er widersprach. So dauerte es nicht lange und es kam zur ersten Auseinandersetzung mit seinem Orden, weil er sich mehrfach über kirchliche und ordensinterne Verbote hinweggesetzt hatte.

Bruno hatte sich 1566 intensiv mit Werken antiker Theologen befasst, die Bilderverehrung als heidnischen Brauch ablehnten. Er übernahm diese Meinung und fing an, alle Heiligenbilder aus seiner Mönchszelle zu entfernen. Wie er später berichtete, ließ er ausschließlich das Kreuz hängen.[17] Damit verstieß er eindeutig gegen den Beschluss über Verehrung der Heiligen und der Heiligen Bilder des Konzils von Trient (1545-63), das diesen sogenannten „Ikonoklasmus" (= Bilderstürmerei) als Häresie wertete, was in solch einem Fall eine sofortige Exkommunikation nach sich zog. So kam es 1566 zum ersten Prozess gegen Giordano Bruno vor der neapolitanischen Inquisition. Trotz der schwerwiegenden Anklage, wurde der Prozess jedoch sofort wieder eingestellt. Giordano Bruno gab später bei seiner fünften Vernehmung vor der venezianischen Inquisition am 3. Juni 1592 als Ursache an, dass der Ankläger die Anklageschrift öffentlich zerrissen hätte.[18] Ob dies der wirkliche Grund für die baldige Einstellung des Prozesses gewesen sein mag, bleibt jedoch fraglich, da gewöhnlich der Angeklagte seine Thesen öffentlich vor der Inquisition zerreißen musste, als Beweis dafür, dass er diese widerrief.

---

[17] Vgl. Bruno, *Inquisitionsakten*. In: Kuhlenbeck, *Gesammelte Werke,* Bd.6, 1909, S.161.

[18] Vgl. ebd., S.202.

Es liegt die Vermutung nahe, dass Bruno bereits zu diesem Zeitpunkt Gönner in höheren kirchlichen Positionen hatte, die ihm aus dieser heiklen Situation relativ problemlos wieder heraushalfen. Die Einstellung des Prozesses bleibt jedoch rätselhaft und die wahren Hintergründe im Dunkeln.

In der Folgezeit häuften sich die Ansichten, die Bruno vehement, aber sein Orden und die katholische Kirche überhaupt nicht, vertrat, so dass er sich immer mehr vom Christentum abwandte. Die Ideen, die Bruno äußerte, sowie der Prozess vor der neapolitanischen Inquisition, hätten einer theologischen Karriere schaden müssen. Dies war jedoch keineswegs der Fall. Zielstrebig setzte Giordano Bruno seinen eingeschlagenen Weg fort.

1.3.6. Theologische Karriere

Im Jahre 1568 wurde Bruno in die dominikanische Ordensprovinz im nordwestlichen Italien versetzt, wo er seine Studien fortsetzte. Bereits 1569 kehrte er nach Neapel zurück, wurde Subdiakon und im Jahr darauf Diakon. Bei seiner Weihe zum Diakon war Bruno gerade 22 Jahre alt. Damit hatte er die höchsten Weihegrade erreicht, die man in diesem Alter erhalten konnte. Das sollte Giordano Bruno jedoch nicht reichen und so entschied er sich für den Weg des Priesters.

Am 3. Juni 1571 fasste das Generalkapitel des Dominikanerordens schließlich den Beschluss, den Bruder Giordano Bruno nach Andria in Apulien zu schicken. Bruno sollte dort das Quadrivium abschließen und sich auf die Priesterweihe und das Theologiestudium vorbereiten. Das Theologiestudium innerhalb des Dominikanerordens war gegliedert in zwei Stufen, die man gewöhnlich nacheinander abschloss. Auf erster Stufe galt man als *„studentes absque forme"*, die man mit dem Erwerb einer ordensinternen Lehrbefugnis beendete. Danach konnte man als *„studentes formales"* durch ein Zweitstudium einen regulären akademischen Titel erwerben. Giordano Bruno übersprang die erste Stufe und wurde sofort *„studentes formales"*. Mit dem Ziel eines sofortigen akademischen Titels war ihm höchstwahrscheinlich eine bedeutende Karriere zugedacht. Im Winter 1571/1572 etwa schloss Bruno seine *artes*-Studien mit dem Quadrivium ab und wurde auf Anlass des Dominikanerordens im Frühjahr 1572 zum Priester geweiht. Damit erlangte Bruno mit 24 Jahren erneut zum frühstmöglichen Zeitpunkt die höchstmögliche Weihe. Kurze Zeit später wurde Bruno vom Orden der Dominikaner am 21. Mai 1572 zum Studium der Theologie an der ordenseigenen Hochschule in Neapel zugelassen.

Auch während seines Theologiestudiums änderte sich seine Vorliebe für alte Literatur nicht. So las er hauptsächlich Werke aus den ersten christlichen Jahrhunderten. 1575 beendete er schließlich erfolgreich sein Theologiestudium mit einer Arbeit über Thomas von Aquin und der Promotion zum *doctor theologiae*.

1.3.7. Der zweite Prozess 1576

Giordano Bruno war gerade ein Vierteljahr Doktor der Theologie, als es 1576 zum zweiten kirchlichen Prozess gegen ihn kam. Ausschlaggebend war ein Streitgespräch mit einem Dominikaner namens Montalcino, bei dem er seine Ansichten über Trinität und Christologie kundtat und Erzketzer wie Arius von Alexandrien und Sabellius von Ptolemais verteidigte. Montalcino zeigte Bruno daraufhin bei der Inquisition in Neapel an. Die Anklage lautete wiederum auf Häresie. Sofort versuchte Bruno alle literarischen Werke, die als Beweismaterial gegen ihn Verwendung finden konnten, wie zum Beispiel Briefe des Hl. Hieronymus mit Glossen von Erasmus von Rotterdam, die schon seit längerem indiziert waren, zu vernichten und floh nach Rom, wie er später bei einem Verhör vor der Inquisition berichtete.[19] Bruno versuchte dort Schutz bei seinen Freunden an der Kurie zu finden, doch deren Vollmacht schien nicht auszureichen, um ihm helfen zu können. Seltsamerweise kam der Hauptbelastungszeuge Montalcino zu dieser Zeit ums Leben, weil ihn ein Unbekannter in Rom von einer Brücke stieß und er ertrank.[20] Doch die Anklageschrift, welche 130 Artikel umfasste, war zu diesem Zeitpunkt bereits beim *Sanctum Officium* der neapolitanischen Inquisition eingetroffen, so dass die Eröffnung des Prozesses nicht

---

[19] Vgl. Bruno, *Inquisitionsakten*. In: Kuhlenbeck, *Gesammelte Werke*, Bd.6, 1909, S.202f.

[20] Vgl. Mocenigo Giovanni, *Inquisitionsakten*. In: Kuhlenbeck, *Gesammelte Werke*, Bd.6, 1909, S.147.

aufgehoben wurde. Giordano Bruno wurde schließlich verhaftet und eingekerkert. Kurze Zeit später gelang Bruno jedoch die Flucht aus dem Kerker des *Sanctum Officium* und auch die Flucht aus Rom.

Der Entzug vor dem Urteil der Inquisition galt damals als Eingeständnis seiner Schuld und zog die Exkommunikation wegen Häresie nach sich. Giordano Bruno hätte damit vor der Inquisition bereits ab diesem Zeitpunkt als öffentlich bekennender Häretiker gelten müssen. Unerklärlicherweise war dies jedoch nicht der Fall und selbst die Exkommunikation unterblieb.

Bruno Nolano
- ACADEMICO DI NULLA ACADEMICA -
DETTO IL FASTIDO

1.4. Die Jahre auf der Flucht

Nachdem er aus dem Kerker der Inquisition ausgebrochen war, ergriff Giordano Bruno die Flucht Richtung Norditalien. Rasch mangelte es ihm an Geld und so beschloss er fortan seinen Lebensunterhalt als wandernder Lehrer zu verdienen. Seine erste Station war die Bischofsstadt Noli, wo er Knaben in Grammatik unterrichtete und private Vorlesungen hielt. Da die Verdienstmöglichkeiten jedoch nicht besonders gut waren, zog er nach ungefähr fünf Monaten nach Savona weiter. Dort fand er jedoch keine Anstellung, so dass er sich, nach einem kurzen Aufenthalt in Turin, das er sofort wieder verließ, weil dort die Pest wütete, um die Jahreswende 1576/77 nach Venedig wandte.

Die venezianische Inquisition war vom *Sanctum Officium* in Rom faktisch unabhängig, so dass Bruno sich dort problemlos aufhalten konnte. Er verbrachte etwa ein Jahr in Venedig, wo er zum ersten Mal auch das Verlagswesen als neue Einnahmequelle für sich entdeckte. So begann er sein Wissen auf Papier zu bringen und verfasste das Werk „*De` segni de` tempi*" (zu Deutsch: „Von den Zeichen der Zeit"), welches heute als verloren gilt. Zu dieser Zeit bemühte sich Giordano Bruno auch um eine Wiedereingliederung in die katholische Kirche. Zu diesem Zweck verließ er 1578 Venedig und reiste nach Padua, um sich dort mit seinen Ordensoberen zu treffen. Vermutlich war dieses Treffen ausschlaggebend für seinen Entschluss, Italien zu verlassen. Höchstwahrscheinlich hatten ihm dies seine Ordensbrüder geraten, so dass er den Ratschlägen folgend nicht mehr nach Venedig zurückkehrte, sondern stattdessen direkt von Padua aus Richtung Frankreich reiste. So wandte sich Bruno im Spätherbst 1578 von Bergamo aus Richtung Lyon. Nach eigenen Angaben, die er später vor der Inquisition machte, verbrachte er die Jahreswende 1578/79 in einem dominikanischen Kloster in Chambéry, wo er von seiner Exkommunikation durch das *Sanctum Officium* in Rom erfuhr.[21]

Im Frühjahr 1579 reiste Bruno schließlich nach Genf, wo er sich am 20. Mai 1579 unter dem Namen *Philippus Brunus Nolanus* an der Universität Genf einschrieb. Doch es dauerte nicht lange und Bruno geriet in Konflikt mit einem Professor der Genfer Universität, namens Antoine de La Faye. Obwohl Giordano Bruno sich als guter Calvinist präsentierte, weil er an der Universität bleiben wollte, konnte er sich mit den Ansichten des Antoine de La Faye nicht anfreunden und so verfasste er Anfang Juli 1579 ein Pamphlet von etwa 16 Seiten Umfang, das er Ende des Monats drucken ließ. In diesem kleinen Heftchen warf Bruno Antoine de La Faye unter anderem vor, in einer einzigen Vorlesung zwanzig Irrtümer verbreitet zu haben. Zudem konnte er es nicht lassen, auch einige Bosheiten gegen die Pastoren der Genfer Kirche fallen zu lassen. Die Folge war, dass Antoine de La Faye Bruno beim Konsistorium der Genfer Kirche anzeigte, wegen Aufruhr gegen die Genfer Kirche. Am Donnerstag, dem 6. August 1579 ließ der Sekretär des Genfer Stadtrates Giordano Bruno verhaften. Bruno widerrief seine Vorwürfe und verließ Genf im September 1579.[22]

Unter den Genfer Calvinisten herrschte damals derselbe Fanatismus wie in der katholischen Kirche vor, so dass unter Calvins Regiment allein in den Jahren 1542-1546 58 Personen wegen angeblichen Irrglaubens hinge-

---

[21] Vgl. Bruno, *Inquisitionsakten,* In: Kuhlenbeck, *Gesammelte Werke,* Bd.6, 1909, S.167.

[22] Vgl. Eggert, *Giordano Bruno,* 1989, S.207ff.

richtet worden waren. So fand sich auch Bruno vor die Wahl gestellt, entweder nachzugeben und zum Calvinismus überzutreten oder die Stadt so schnell wie möglich zu verlassen. Bruno wählte das letztere. Er kehrte nach Lyon zurück und verbrachte dort den folgenden Monat in dominikanischen Klöstern in Lyon und Umgebung. Doch die Anstellungen, die er dort fand, reichten nicht zum Leben und so verließ er Lyon und zog nach Toulouse weiter. Dort erwarb er, im Alter von 32 Jahren den Titel des *magister artium*, der die Vorraussetzung für eine *artes*-Professur war.

Im Frühjahr 1580 wurde Giordano Bruno somit schließlich Professor für *artes* an der Universität von Toulouse. In den folgenden zwei Jahren hielt er dort Vorlesungen über Aristoteles und verfasste eine selbstständige Zusammenfassung des Werkes „*De Anima*", welches als verloren gilt. Höchstwahrscheinlich war es auch eine Veröffentlichung Brunos, die ihn im Frühjahr 1582 dazu veranlasste, seine Professur aufzugeben und nach Paris zu ziehen. Auch dort verdiente er seinen Lebensunterhalt zunächst mit Vorlesungen, die er in lateinischer Sprache abhielt.

Brunos Privatvorlesungen waren ein großer Erfolg, so dass ihm bereits nach kurzer Zeit eine Philosophie-Professur an der Universität Paris angeboten wurde. Diese lehnte er jedoch ab, weil er es, aufgrund seiner Exkommunikation, nicht wagte, an den öffentlichen Gottesdiensten der Stadt teilzunehmen, die Pflicht für ordentliche Professoren waren, wie er später vor der Inquisition angab.[23] Diese Entscheidung konnte er sich leisten, da er zu diesem Zeitpunkt mit dem französischen König Heinrich III. einen neuen Gönner gefunden hatte. So übernahm Giordano Bruno im Herbst 1582 eine Professur am königlichen Kolleg in Paris, die ausschließlich vom König vergeben wurde.

Im selben Jahr veröffentlichte er neben der Komödie „*Il Candelaio*" (zu Deutsch: „Der Kerzenzieher") seine zwei größten Werke über Gedächtniskunst, die er „*De umbris idearum*" (zu Deutsch: „Über die Schatten der Ideen") und „*Ars memoriae*" (zu Deutsch: „Gedächtniskunst") benannte. Trotz der zwei unterschiedlichen Titel stellen beide Arbeiten ein zusam-

---

[23] Vgl. Bruno, *Inquisitionsakten*. In: Kuhlenbeck, *Gesammelte Werke,* Bd.6, 1909, S.167.

menhängendes Werk dar und wurden deshalb auch in einem Band abgedruckt und veröffentlicht. Bruno fasste darin seine Privatvorlesungen des Jahres 1582 zusammen. Zudem veröffentlichte er einen Kommentar zu dem Werk „*Ars magna*" von Raimundus Lullus, den Bruno „*De compendiosa architectura et complemento artis Lulli*" (zu Deutsch: „Über den zusammenhängenden Aufbau und die Ergänzung der Kunst des Lullus") betitelte.

Schon während seiner Studienzeit hatte sich Bruno mit der Mnemonik des Raimundus Lullus (um 1233-1315) selbständig befasst. Von ihm übernahm er den Gedankengang, durch Kombination einer bestimmten Zahl von Ideen zu einem komplexen Lehrgebäude zu kommen. Giordano Brunos Lullus-Kommentar, der zu seinen Lebzeiten kaum Widerhall fand, konnte von den Brüdern des Dominikanerordens nur als Provokation empfunden werden. Die Mehrheit der Dominikaner befürwortete nämlich zu diesem Zeitpunkt nicht nur das Verbot der Werke des Raimundus Lullus, sondern aller lullistischer Literatur.[24]

Nach ungefähr fünf Monaten am französischen Collège Royale, kam es zu allgemeinen Ausschreitungen in Paris und auch zu erneuten Ausfällen gegen Giordano Bruno. Diese spitzten sich immer mehr zu, so dass nicht einmal König Heinrich III. Giordano Bruno schützen konnte und ihm deshalb riet, in die französische Gesandtschaft nach London zu gehen. So verließ Bruno Anfang 1583 Frankreich und reiste als „*gentilhomme*", d.h. als Mitglied des französischen Gesandtschaftspersonals, nach England. Dieser Aufenthalt sollte ihn berühmt machen, denn in England verfasste Bruno seine kosmologischen und mystischen Werke.

Bis auf einen kurzen Aufenthalt in Oxford Mitte August 1583, wo Bruno sich vergeblich darum bemühte, eine Anstellung zu finden, verlebte er seine Zeit in der französischen Gesandtschaft in London. Etwa um diesen Zeitpunkt fing Bruno an, sich verstärkt mit kosmologischen Themen und den Werken des Nikolaus von Kues und Nikolaus Kopernikus zu befassen.

---

[24] Raimundus Lullus galt als erster europäischer Philosoph, der das Studium der arabischen Sprache befürwortete und versuchte, den arabischen Raum zu missionieren.

Da es nicht gerade gut um seine Finanzen stand, musste Bruno über eine neue Veröffentlichung nachdenken.

Am Aschermittwoch 1584 veranstaltete die französische Gesandtschaft ein Festmahl, bei dem sich Bruno mit mehreren Medizinern angeregt über Kopernikus und die Bewegung der Erde unterhielt. Die Gespräche regten ihn so an, dass er knapp einen Monat später sein bisher populärstes Werk mit dem Titel „*La Cena de le ceneri*" (zu Deutsch: „Das Aschermittwochsmahl") veröffentlichte. Bruno erregte damit rasch großes Aufsehen, doch er schaffte sich nicht unbedingt Freunde. In dem Geschehen treten oft typische oder karikaturhaft überzeichnete Gestalten aus dem akademischen Milieu auf, die dann mit bissigem Witz bloßgestellt werden. Er argumentiert vor allem gegen Peripatetiker, Philologen, Theologen und Magister, von denen er sich oder die Person, die ihn in dem jeweiligen Dialog vertritt, nicht nur durch intellektuelle Überlegenheit, sondern auch dadurch unterscheidet, dass er einen gänzlich anderen philosophischen Typus verkörpert. So nennt sich Bruno selbst im Untertitel von „*Il candelaio*" „Bruno Nolano – Academico di nulla Academica, detto il fastidio" (zu Deutsch: Bruno der Nolaner – Akademiker keiner Akademie - der Unangenehme).[25]

Gerade gegen die an den Akademien herrschende Unvernunft und dem scholastischen Kompendienwissen mehrerer Jahrhunderte entstammenden aristotelischen Argumentationen, die Brunos Bild eines unendlichen Universums als naturphilosophische Unmöglichkeit ausschlossen, versuchte er seine These zu entwickeln.

Die Beschreibung der englischen Professoren, die er als einen Haufen Stümper hinstellte, löste an den Universitäten hasserfüllte Reaktionen aus. Auch seine Lehre von der Unendlichkeit der Welt sorgte für regen Gesprächsstoff, so dass das Werk, trotz der allgemeinen Empörung, ein voller Erfolg war.

Um den Erfolg aufrecht zu erhalten, veröffentlichte Giordano Bruno direkt im Anschluss zwei weitere Werke. „*De la causa, principio e uno*" (zu Deutsch: „Von der Ursache, dem Prinzip und dem Einen") war ein kosmo-

---

[25] Vgl. Bruno, Giordano: *Il Candelaio*. Hrsg. von Giorgio Bàberi Squaotti, Eindaudi Verlag, Toronto 1964.

logisches Werk und gedacht als Stellungnahme zur Empörung über „Das Aschermittwochsmahl". Doch Bruno hatte beim Publikum damit wenig Erfolg. So veröffentlichte er das Werk „*Spaccio de la bestia trionfante*" (zu Deutsch: „Die Vertreibung der triumphierenden Bestie"). Bruno spricht sich darin für eine religiöse Reform auf Erden aus und fordert ziemlich unverblümt die Vernichtung des Protestantismus mit den Mitteln der Inquisition. Im protestantischen England sollte dies nicht ohne Folgen bleiben. Das Verhältnis Giordano Brunos verschlechterte sich zunehmend und immer mehr Menschen distanzierten sich von ihm oder stellten sich gegen ihn. Doch Bruno war überzeugt, durch die Veröffentlichung eines neuen Werkes diese Distanz brechen zu können. Vor diesem Hintergrund schrieb er das Buch „*De gli eroici furori*" (zu Deutsch: „Von den heroischen Leidenschaften"), welches er im Spätherbst 1585 veröffentlichen ließ. Bruno versuchte darin bewusst alles, was als antiprotestantische Polemik hätte verstanden werden können, zu vermeiden und beschrieb stattdessen ein Gottesbild, das seiner Ansicht nach die Grundlage für die Vereinigung aller Religionen darstellte. Doch das Buch bewirkte genau das Gegenteil, so dass Bruno die französische Gesandtschaft nicht mehr verlassen konnte, ohne um sein Leben fürchten zu müssen.

Das Ende seines Aufenthalts in England war erreicht und Giordano Bruno kehrte nach Frankreich zurück. Kaum in Paris angekommen, versuchte er dort erneut an der Universität Paris Fuß zu fassen. Er veröffentlichte einige Streitschriften, die sich hauptsächlich gegen die Kosmologie des Aristoteles wandten. Der Erfolg blieb jedoch aus, so dass Bruno nach Deutschland reiste. Nach kurzen Aufenthalten in Mainz und Wiesbaden landete Bruno schließlich im protestantischen Wittenberg, wo er sich im August 1586 an der Universität einschrieb. Problemlos konnte Bruno sofort private Vorlesungen abhalten und nur kurze Zeit später bot man ihm eine Professur an mit der Aufgabe, Vorlesungen über Aristoteles zu halten. Bruno nahm die Professur an, brachte seine Vorlesungen zu Papier und veröffentlichte 1587 mehrere Schriften, die sich hauptsächlich mit Logik und den Gedankengängen des Raimundus Lullus auseinandersetzten.

Das scheinbare Glück, das Bruno in Wittenberg genoss, sollte jedoch nicht lange anhalten, denn schon im zweiten Halbjahr 1587 geriet er erneut unter Druck. Der neue Kurfürst Christian I. versuchte an der Universität die reformierte Theologie durchzusetzen und damit verloren die lutherischen Theologen, die größtenteils Gönner Giordano Brunos waren, immer mehr ihren Einfluss auf die Universität. Bruno konnte nicht in Wittenberg bleiben und so verließ er, nachdem er im März 1588 eine Abschiedsrede hielt, Wittenberg und reiste nach Prag. Dort hoffte er eine Anstellung am Hofe des Kaisers Rudolf II. zu finden, doch er konnte keinen Erfolg verzeichnen und so reiste Bruno nach etwas sechs Monaten Aufenthalt Anfang Dezember 1588 ab und ging nach Helmstedt. Im Januar 1599 immatrikulierte er sich an der dortigen Universität. Zu dieser Zeit befasste sich Bruno hauptsächlich mit Magie, Naturphilosophie und Kosmologie. Er verfasste mehrere Abhandlungen, die er jedoch nur teilweise drucken ließ. So zum Beispiel *„De magia, Theses de magia, De rerum principiis et elementis et causis"* (zu Deutsch: „Von den Ursprüngen, Elementen und Ursachen der Dinge").

Am 01. Juli 1589 hielt Bruno auf Wunsch des Herzogs Heinrich Julius I. für dessen verstorbenen Vater eine Trauerrede, in der Bruno seine Abneigung gegen den Katholizismus und seine Neigung zum Luthertum betonte und sprach:

„Ruf dir's ins Gedächtnis, o Italiener, dass du aus ehrenvollen Gründen und wegen deiner Liebe zur Wahrheit aus deinem Vaterlande verbannt, hier ein Bürgerrecht gefunden! Dort dem gierigen Rachen des römischen Wolfes ausgesetzt, hier in sicherer Freiheit wohnst; dort zu dem abergläubischen und unsinnigsten Kultus gezwungen, hier zu gereinigter Gottesverehrung ermahnt wirst!"[26]

Der Grund der Begeisterung Giordano Brunos für den Protestantismus und vor allem für Luther, die er in dieser Rede kundtat, war allerdings nicht in dessen Lehre zu suchen. Bruno verehrte Luther vielmehr als einen Bekämpfer und Widersetzer des Papsttums und der römischen Hierarchie und infolge der ihm gewährten großen Freiheit als den Begründer der freien Forschung.[27]

---

[26] Bruno, Giordano: *Trostrede vom 01. Juli 1589 für Fürst Julius I. von Braunschweig.* In: Kuhlenbeck, *Gesammelte Werke*, Bd.6, 1909, S.99.

[27] Vgl. Grunewald, Heidemarie: *Die Religionsphilosophie des Nikolaus Cusanus und die Konzeption einer Religionsphilosophie bei Giordano Bruno.* 2. verbesserte Auflage, Gerstenberg Verlag, Hildesheim 1977, S.35.

Doch selbst die Veröffentlichung dieser Trauerrede nutzte ihm wenig, denn seine zweifelhaften Glaubensgrundsätze hatten ihn auch in Helmstedt sehr schnell unbeliebt gemacht. So kam es, dass kurze Zeit später ein Exkommunikationsverfahren eingeleitet wurde und Bruno von der Abendmahlsgemeinschaft der lutherischen Kirche ausgeschlossen wurde. Er durfte die Kirche fortan nur noch zur Predigt besuchen. Da das Zusammenleben mit der Universität für ihn immer problematischer wurde, reiste er nach Frankfurt am Main, dem damaligen Zentrum des internationalen Buchhandels, weiter.

Zu diesem Zeitpunkt galt Giordano Bruno auch in Deutschland längst als berühmter Mann. Da er sich damals aber fast ausschließlich mit Magie befasste, haftete ihm der negative Ruf an, ein großer Magier und Zauberer zu sein. Die Stadt Frankfurt verweigerte ihm deshalb den Aufenthalt in der Stadt. Bruno schloss jedoch schnell Freundschaft mit dem Buchdrucker Johann Wechel, der ihm eine Unterkunft im Karmeliterkloster Frankfurts verschaffte, so dass die Stadt seinen Aufenthalt dulden musste.

Bis auf einen kurzen Aufenthalt in Zürich zwecks Vorlesungen verbrachte Bruno die Zeit in Frankfurt in Zusammenarbeit mit dem Drucker Wechel, der seine Werke veröffentlichte. In nur sieben Monaten entstanden so vier umfangreiche Werke von Giordano Bruno, die allesamt kosmologische Themen behandeln, die sogenannten *„Frankfurter Schriften"* [28].

Im Herbst 1591 erhielt Bruno schließlich, wie er später vor der Inquisition berichtete, von einem reichen Kaufmann namens Giovanni Mocenigo eine Einladung nach Venedig, um diesen privat in Kosmologie und Magie zu unterrichten.[29] Bruno folgte dieser Einladung ohne lang zu zögern, verließ Frankfurt kurz nach dem 9. Oktober 1591, um bereits am 16. Oktober 1591 in Venedig anzukommen. Sein neuer Geldgeber schien auf Giordano

---

[28] Dazu zählen die Schriften *„De innumerabilibus, immenso et infigurabili"* (zu Deutsch: „Vom Unzählbaren, Unermesslichen und Unvorstellbaren"), *„De triplici minimo et mensura"* (zu Deutsch: „Vom dreifach Kleinsten und vom Maß"), und *„De monade numero et figura"* (zu Deutsch: „Von der Monas, der Zahl und der Figur").

[29] Vgl. Bruno, *Inquisitionsakten*. In: Kuhlenbeck, *Gesammelte Werke*, Bd.6, 1909, S.159.

Bruno jedoch eher einen unsympathischen Eindruck zu machen, so dass dieser es nicht nur verschmähte in dessen Haus zu wohnen, sondern sich auch um eine andere Verdienstmöglichkeit umsah.[30] So reiste Bruno kurze Zeit später nach Padua, um sich an der Universität für eine Professur zu bewerben. Der zu vergebende Lehrstuhl war jedoch für Mathematik und da Brunos mathematische Vorstellungen als sehr umstritten galten, wurde Galileo Galilei die Lehrerlaubnis zugetragen und Bruno kehrte im Januar 1592 enttäuscht nach Venedig zurück.

Mocenigo, der Bruno weiterhin finanziell unterstützte, fühlte sich vernachlässigt und betrogen, da er glaubte, Bruno verheimliche ihm große magische Geheimnisse. Das Verhältnis zwischen den beiden spitzte sich immer mehr zu, so dass Bruno beschloss, wieder nach Frankfurt zurückzukehren.

Am Donnerstag, dem 21. Mai 1592, erschien Giordano Bruno bei Giovanni Mocenigo, um sich zu verabschieden. Das Zusammentreffen eskalierte zu einem handfesten Streit, so dass Moncenigo Bruno von seinen Dienern gefangen nehmen ließ und am darauffolgenden Morgen bei der venezianischen Inquisition schriftlich Anzeige gegen ihn erhob.

1.5. Der dritte Prozess vor der venezianischen Inquisition

In der ersten schriftlichen Anzeige, die Giovanni Mocenigo verfasst hatte, klagte er Giordano Bruno der Ketzerei an. Er sei nicht nur ein Feind der Messe, sondern leugne auch das Altarsakrament, die Trinität in Gott, die Jungfräulichkeit Marias, die Wunder und Heilstaten Jesu, sowie die Existenz der Hölle.[31] Als Beweismaterial fügte Mocenigo der Anzeige drei Werke und ein ungedrucktes Manuskript Giordano Brunos bei. Schon in der darauffolgenden Nacht, ließ die venezianische Inquisition Bruno, am Sonntag, den 24. Mai 1592, um drei Uhr morgens verhaften und in ihre Verliese bringen. Am Montag, den 25. Mai 1592 erhob Mocenigo ein zwei-

---

[30] Vgl. ebd., S.159.
[31] Vgl. Mocenigo, *Inquisitionsakten*. In: Kuhlenbeck, *Gesammelte Werke*, Bd.6, 1909, S.146.

tes Mal schriftlich Anzeige gegen Giordano Bruno. Unabhängig von dieser zweiten Anzeige, wurde am selben Tag das Inquisitionsverfahren gegen Bruno vom Großinquisitor von Venedig eröffnet. In Venedig gehörten einem Inquisitionstribunal drei Beisitzer an, die von der Republik Venedig bestellt wurden. Die venezianische Inquisition war somit vom *Sanctum Officium* in Rom faktisch unabhängig. Der Prozess gegen Giordano Bruno nahm seinen Verlauf, bis überraschenderweise am 12. September 1592 der Vorsitzende des *Sanctum Officium* in Rom beim Großinquisitor von Venedig die Auslieferung Brunos forderte. Das venezianische Inquisitionstribunal beschloss gemeinsam mit dem Parlament von Venedig der Forderung nicht nachzugeben, da es bisher noch nie eine Auslieferung an das *Sanctum Officium* in Rom gegeben hatte. Der Beschluss wurde dem Papst mitgeteilt und so kam es am 22. Dezember 1592 erneut zu der Aufforderung, Giordano Bruno an das *Sanctum Officium* in Rom zu überstellen: dieses Mal aber nicht im Namen des *Sanctum Officium*, sondern im Namen des Papstes Clemens VIII. selbst. So wurde Giordano Bruno am 19. Februar 1593 nach Rom überstellt.

1.6. Der vierte Prozess vor der römischen Inquisition

Die Akten des vierten Prozesses gegen Giordano Bruno vor dem *Sanctum Officium* in Rom verschwanden aus den Archiven des Vatikans auf unerklärliche Weise während der Napoleonischen Kriege, so dass von dem entscheidenden Prozess, der Bruno schließlich das Leben kosten sollte, nur noch ein Summarium erhalten ist. Höchstwahrscheinlich nahm der Prozess seinen gewöhnlichen Lauf und es folgten mehrere Visitationen und zahlreiche Wiederholungsverhöre. Am 16. Dezember 1596 schließlich wurde Bruno mit einer Zusammenfassung seiner Lehrsätze konfrontiert, die er widerrufen sollte. Darunter war die Lehre von der Unendlichkeit, auf die Bruno nicht verzichten konnte, ohne sich und seine Philosophie zu verleugnen. So tat Bruno, was er tun musste und widerrief diesen Satz nicht.

Am 14. Januar 1599 wurde Giordano Bruno schließlich mit der neuen Buchzensur konfrontiert. Zahlreiche Sätze Brunos waren als ketzerisch eingestuft worden. Es geschah jedoch etwas sehr Ungewöhnliches und

Bruno wurde aufgefordert, lediglich acht seiner Lehrsätze zu widerrufen, obwohl viel mehr bekannt waren. Unter diesen acht Lehrsätzen war Brunos Lehre von der Wiedergeburt einer jeden Seele. Bruno hatte gelehrt, dass die Seele eines jeden Menschen nach dessen Tod in einer anderen Welt wiedergeboren werden würde. Diesen Satz konnte Bruno aber nicht widerrufen, ohne seine Lehre von der Vielzahl der Welten und damit auch die Lehre von der Unendlichkeit zu widerrufen. Bruno beharrte auf seiner Lehre von der Wiedergeburt der Seele und widerrief nicht. Seine letzten bekannten Äußerungen kreisen nur um diesen Lehrsatz.[32]

1.7. Verurteilung und Hinrichtung

Am 20. Januar 1600 kam es zur Urteilssprechung über Giordano Bruno. Papst Clemens VIII. verkündete höchstpersönlich das Urteil, das lautete: Exkommunikation wegen Häresie.

Am 5. Februar 1600 wurde das Urteil in Anwesenheit Giordano Brunos im Palast des *Sanctum Officium* öffentlich verlesen. Auf Knien nahm Bruno das Urteil entgegen mit den Worten: „Mit größerer Furcht verkündigt ihr vielleicht das Urteil gegen mich, als ich es entgegennehme!"[33]

Am 8. Februar wurde Giordano Bruno dem Gubernator der Stadt Rom, und damit der weltlichen Gewalt, übergeben. Noch am selben Tag wurden durch ein Dekret alle Werke Giordano Brunos vom *Sanctum Officium* als häretisch verdammt.

Am Donnerstag, dem 17. Februar 1600 wurde Giordano Bruno schließlich etwa um 8 Uhr früh auf dem *Campo di Fiore* öffentlich verbrannt. Bei seiner Hinrichtung waren etwa fünfzig der damals einundsechzig Kardinäle anwesend. Damit wurde ein letztes Mal deutlich, welche Bedeutung die Kurie der Verurteilung Brunos beimaß.

---

[32] Vgl. Bruno, *Inquisitionsakten.* In: Kuhlenbeck, *Gesammelte Werke,* Bd.6, 1909, S.184ff.

[33] Vgl. Professor Schoppe, *Brief an Rittershausen.* In: Kuhlenbeck, *Gesammelte Werke,* Bd.6, 1909, S.232.

Die römische Zeitung *Avisi di Roma* berichtete am darauffolgenden Samstag, dem 19. Februar 1600, von der Hinrichtung Brunos mit den Worten:

„Am Donnerstagmorgen wurde auf dem Campo di Fiore jener verbrecherische Dominikanerbruder aus Nola lebendig verbrannt (...): ein sehr hartnäckiger Ketzer, der nach seiner Laune verschiedene Dogmen gegen unseren Glauben ersonnen hatte (...) Dieser Bösewicht wollte in seiner Verstocktheit dafür sterben, und er sagte er sterbe als Märtyrer und sterbe gern und seine Seele werde aus den Flammen zum Paradies emporschweben. Aber jetzt wird er ja erfahren haben, ob er die Wahrheit gesagt hat!" [34]

1.8. Giordano Bruno und die Inquisition

Im Jahre 1540 bestätigte Papst Paul III. (1534-1549) den Jesuitenorden und gründete zwei Jahre später, am 21. Juli 1542 die „Heilige Kongregation der römischen und katholischen Inquisition" (auch „Heiliges Gericht" oder „Heiliges Officium" genannt) und führte damit die Inquisition in ganz Italien ein. Ein Jahr darauf folgte bereits die Druckzensur, der Index, und im Jahr 1545 eröffnete er das Konzil in Trient. Das Ende der humanistischen Epoche der katholischen Reformbewegung war erreicht. Wurde einige Jahre zuvor noch von nichts anderem als der Reformation als der neuen geistigen Bewegung gesprochen, der sich jeder moralisch verantwortungsbewusste Mensch anzuschließen versuchte, vollzog sich unter Papst Paul III. der Übergang zur unduldsamen, militanten Gegenreformation. Mit fanatischem Eifer wurde fortan von Seiten des Klerus schon der geringsten Abweichung von den Grundsätzen des katholischen Glaubens begegnet. „Bischöfe, Kirchenversammlungen, Päpste und Ordensobere griffen nicht nur in die äußere Organisation der Studien (...), sondern auch in die Inhalte von Forschung und Lehre ein."[35] Mit einem Mal loderten überall in Italien die Scheiterhaufen, auf denen man die Andersgläubigen verbrannte. Als

---

[34] Römische Zeitung *Avisi di Roma* vom 19. Februar 1600. In: Kuhlenbeck, *Gesammelte Werke,* Bd.6, 1909, S.228.

[35] Bubner, Rüdiger: *Geschichte der Philosophie in Text und Darstellung. Band 2: Mittelalter.* Philipp Reclam Verlag, Stuttgart 1982, S.15.

Hüterin der allgemeinen Ideologie fühlte sich die Kirche verpflichtet, alle Andersdenkenden und von ihrem Dogma Abweichenden, die Häretiker, sowie die nicht nach ihrer Norm Handelnden ins Gefängnis einzusperren, vor Gericht zu stellen und sie als Ketzer oder Hexer zu verurteilen, aus der kirchlichen Gemeinschaft auszusperren und vom „weltlichen Arm" deren Hinrichtung zu verlangen. Anzumerken ist hier jedoch auch, dass dies nicht allein die katholische Kirche tat, sondern dass auch die Calvinisten und Lutheraner Ketzer und Hexen, wenn auch nicht in gleichem Maße, auf den Scheiterhaufen brachten.

Wie im ersten Kapitel bereits erwähnt wurde, hegte Giordano Bruno bereits in jungen Jahren großes Interesse für die Wissenschaft und las eifrig auch von der Kirche verbotenen Bücher. Dies lenkte die Aufmerksamkeit der Inquisition auf ihn. Der 28jährige Bruno rettete sich vor ihrer Verfolgung, indem er das Kloster verließ und nach Norditalien floh. Im Verlauf der nächsten dreizehn Jahre lebte er abwechselnd in der Schweiz, Frankreich, England und Deutschland, wo er mit den hervorragenden Humanisten Bekanntschaft schloss, selbst Philosophie lehrte und zahlreiche Werke schrieb, in denen er unter anderem die ersten Grundlagen einer wissenschaftlichen Kritik der Religion legte. Doch die Inquisition verfolgte sorgsam die Schritte Brunos, sah in ihm einen gefährlichen Feind der Kirche und wartete auf eine Gelegenheit, um mit ihm abrechnen zu können. Brunos Ankläger Giovanni Mocenigo gehörte zur herrschenden Elite der venezianischen Republik und galt seit 1583 als Mitglied des „Rates der Weisen" für Häresien, der die Tätigkeit der venezianischen Inquisition kontrollierte. Es lässt sich daher nicht ausschließen, dass Mocenigo, wie auch J.R. Grigulevic vermutet, von vornherein als Agent-Provokateur der Inquisition handelte.[36] In seinem Buch „Ketzer – Hexen – Inquisitoren" geht Grigulevic von der Annahme aus, dass die Inquisition in die Gefängniszelle Brunos Provokateure einschleuste, um Beweise für seine Schuld zu erlangen und deren Aussagen als Grundlage für die Verurteilung Giordano Brunos dien-

---

[36] Vgl Grigulevic, J.R.: *Ketzer – Hexen – Inquisitoren. Geschichte der Inquisition (13.-20. Jahrhundert). Teil 2.* Deb, Verlag das Europäische Buch, Westberlin, 1985, S.420.

ten.³⁷ So schreibt auch Miroslav, Hroch: „Es ist freilich nicht ausgeschlossen, dass bereits die Einladung nach Venedig von vornherein mit der Inquisition abgesprochen war."³⁸ Die Inquisition hoffte jedoch allen Anschein nach darauf, den eisernen Willen Brunos zu brechen und ihn zur Reue zu zwingen. Den Zeitpunkt ihres Sieges gedachten sie auf das Jahr 1600 anzusetzen, das vom Papst zum „heiligen" Jubeljahr erklärt worden war. Die Buße eines so bekannten Mannes wie Giordano Bruno hätte als Zeichen des Sieges des päpstlichen Stuhls über seine Gegner dienen können.

Die letzten Jahre, die Giordano Bruno in der Gewalt des *Sanctum Officium* verbrachte, wurden von zahlreichen mysteriösen Umständen begleitet, die bis heute unerklärbar bleiben. Nicht nur, dass ein Fall von Venedig nach Rom übergeben wurde, sondern auch, dass Giordano Bruno die Prozessakten zur Einsicht bekam und dass ihm immer wieder Bedenkzeit gegeben wurde, die den Prozess auf Jahre hinauszögerte, erscheint einmalig in der Geschichte. Das *Sanctum Officium* zeigte gegenüber Giordano Bruno eine Langmut und eine Geduld, die keinem zweiten je zuteil wurde.

Bemerkenswert erscheint auch die Tatsache, dass die Zahl der Lehrsätze, denen Giordano Bruno abschwören sollte, mit dem Verlauf des Prozesses immer mehr sank. Bruno hätte im Januar 1599 noch acht Lehrsätze widerrufen sollen, während es im August 1599 nur noch zwei waren, auf deren Widerrufung das *Sanctum Officium* bestand. Ob Bruno an der römischen Kurie päpstliche Protektion genoss, bleibt eine Spekulation. Solange die Prozessakten verschwunden bleiben, liegt über dem Fall Giordano Bruno ein undurchschaubarer Schleier.

Erst lange Zeit nach Brunos Tod wurde am 9. Juni 1889 auf dem Hinrichtungsplatz in Rom ein Denkmal von Ettore Ferrari für den Philosophen errichtet, das sich dort noch bis zum heutigen Tage befindet. Anlässlich des „heiligen" Jubeljahres 2000 wollte der jetzige Papst die Statue entfernen lassen, doch die Stadtregierung Roms weigerte sich, so dass das Denkmal stehen blieb. Nach wie vor scheint Giordano Bruno der katholischen Kirche

---

³⁷ Vgl. ebd., S.428.
³⁸ Hroch, Miroslav/ Skybova, Anna: *Die Inquisition im Zeitalter der Gegenreformation.* Kohlhammer Verlag, Leipzig 1985, S.101.

ein Dorn im Auge zu sein und bleibt deshalb ein rotes Tuch. Doch Bruno schrieb einst: „Und der Tod in einem Jahrhundert macht sie lebendig für alle anderen."[39] Soweit hatte er recht, denn mögen manche Ansichten Giordano Brunos auch umstritten bleiben, so eroberte er sich doch durch seine Standhaftigkeit und Treue gegenüber der wissenschaftlichen Weltanschauung, deren Grundlagen er verteidigte, dadurch die Achtung der kommenden Generationen.

---

[39] Bruno, *Eroici furori*. In: Kuhlenbeck, *Gesammelte Werke,* Bd.5, 1907, S.30.

2. GIORDANO BRUNO – SEINE LEHRE

„Ich sterbe als Märtyrer und sterbe gern, und meine Seele wird aus den Flammen zum Paradies emporschweben." [40]

Dies sollen Giordano Brunos letzte Worte gewesen sein. Wie aus dem Brief eines Zeitzeugen namens Kaspar Schoppe, der einem Freund über die Verbrennung Giordano Brunos berichtete, hervorgeht, hatte sich Bruno, als er am 17. Februar 1600 öffentlich auf dem *Campo di Fiore* in Rom verbrannt wurde, mit verächtlicher Miene abgewandt, als man ihm ein letztes Mal ein Kreuz entgegenhielt.[41] Bei seinem letzten Verhör vor der Inquisition hatte er selbstbewusst erklärt, dass er nichts zu bereuen und nichts zu widerrufen habe.[42] Statt einem gebrochenen Mann begegnete dem Inquisitionstribunal ein äußerst gefasster und entschlossener Mensch. So schreibt auch Thomas Sören Hoffmann, dass Bruno nicht in dem Sinn als Märtyrer starb, dass er sich für die Wahrheit aufopferte, sondern, dass er vom Thema der Philosophie nicht ablassen konnte und sich weigerte „die Philosophenkrone Unberufenen zuliebe niederzulegen"[43]. Das standhafte, fast schon an Sturheit grenzende Verhalten, entsprach auch der Lehre Giordano Brunos, auf die in diesem Kapitel eingegangen werden soll.

---

[40] Römische Zeitung *Avisi di Roma* vom 19. Februar 1600. In: Kuhlenbeck, *Gesammelte Werke,* Bd.6, 1909, S.228.

[41] Vgl. Professor Schoppe, *Brief an Rittershausen*. In: Kuhlenbeck, *Gesammelte Werke,* Bd.6, 1909, S.232.

[42] Vgl. *Protokoll* vom 21. Oktober 1599. In: Kuhlenbeck, *Gesammelte Werke,* Bd.6, 1909, S.226.

[43] Hoffmann, Thomas Sören: *Giordano Bruno*. In: Hogrebe, Woframs (Hg.): *Bonner Philosophische Vorträge und Studien*. Bouvier Verlag, Bonn 2000, S.25.

2.1. Kosmologie

„Der Heilige Geist lehre uns, wie man in den Himmel
komme, nicht wie der Himmel laufe."

Galileo Galilei [44]

Es ist weder die Fülle noch der konkrete Inhalt der zahlreichen einzelnen Schriften Giordano Brunos, sondern die gesamte Geisteshaltung, die sich darin offenbart, die seine problemgeschichtliche Stellung innerhalb der philosophischen Renaissance Italiens und darüber hinaus in der Geistesgeschichte Europas bestimmt.[45] Giordano Bruno gehörte keiner Reformrichtung der damaligen Zeit an. Er verstand sich auch nicht als Verkünder der Lehre des Nikolaus Kopernikus, wie Franz Wiedmann in seinem Werk „Anstößige Denker" schreibt.[46] Bruno versuchte sich von aller Autorität loszureißen und durch eigenes Denken die Unendlichkeit zu erfassen, die den wesentlichen Teil seiner Lehre ausmacht. Das Studium antiker Schriften, vor allem aber die Lehre der Neuplatoniker von dem Einen und Unendlichen, welches das Sein der Dinge beinhaltet, hatte ihm dabei Anregung und einzelne Ideen gegeben.

Genau wie Thomas von Aquin, nur 200 Jahre später, steht auch Bruno vor der Frage, ob die Welt endlich oder unendlich ist. War Aquin noch der Überzeugung, dass der Anfang der Welt sich nicht mit philosophischen Mitteln beweisen lässt, so ist Bruno ganz anderer Meinung. Er ist der festen Überzeugung, dass philosophisch die Unendlichkeit der Welt zu beweisen ist. Sein Ausgangspunkt ist dabei ein durchaus christlicher, nämlich die

---

[44] Galilei, Galileo: *Le opere. Edizione Nazionale V.* Firenze 1895, S.319. (Im Original: "come si vadia al cielo, e non come vadia il cielo")

[45] Vgl. Hönigswald, Richard: *Denker der italienischen Renaissance. Gestalten und Probleme.* Verlag Haus zum Falken, Basel 1938, S.154.

[46] Vgl. Wiedmann, Franz: *Anstößige Denker. Die Wirklichkeit als Natur und Geschichte in der Sicht von Außenseitern.* Königshausen & Neumann Verlag, Würzburg 1988, S.88.

Schöpfung der Welt.⁴⁷ Während Thomas von Aquin sich in dieser Frage verwickelt, führt Giordano Bruno den Ansatz der Schöpfung durch Gott mit dem philosophischen Argument weiter, dass mit der Schöpfung der Welt alles Geschaffene die Qualität des Unendlichen erhalten habe und eine unendliche Ursache auch nur eine unendliche Wirkung haben kann. So schreibt er in seinem Werk „Vom unendlichen All und den Welten": „Daher muß notwendig dem unzugänglichen göttlichen Angesicht auch ein unendliches Spiegelbild entsprechen, in welchem sich unzählige Welten als unzählige Glieder befinden."⁴⁸ Bruno arbeitete die Idee der Unendlichkeit in allen Einzelheiten aus und erklärte mit mehr Worten als hier zitiert werden können, dass es einer allmächtigen, unendlichen Gottheit unwürdig sei, eine begrenzte Welt zu schaffen.

Das italienische Werk „Vom unendlichen All und den Welten" kann neben den Dialogen „Von der Ursache, dem Anfang und dem Einen" als wissenschaftliche Hauptschrift Giordano Brunos bezeichnet werden. In ihm entwickelt Bruno, indem er gegen das kosmologische System des Ptolemäus, Aristoteles und des Mittelalters ankämpft, die wichtigsten Grundgedanken seiner Kosmologie.

Bereits im Jahre 1543 hatte der Frauenburger Domherr Nikolaus Kopernikus sein Werk „*De revolutionibus orbium coelestium Liber primus*" veröffentlicht und damit der mittelalterlichen Weltvorstellung einen vernichtenden Schlag zugefügt. Mit der Veröffentlichung der mathematischen Berechnungen von Kopernikus begann die Auflösung des geozentrischen Weltbildes von Claudius Ptolemäus von Alexandrien⁴⁹, das seit dem 2.

---

⁴⁷ Vgl. Kuhlenbeck, Ludwig: *Giordano Bruno. Seine Lehre von Gott, von der Unsterblichkeit der Seele und von der Willensfreiheit.* Protestantischer Schriftenvertrieb 1913, S.22.

⁴⁸ Bruno, Giordano: *Zwiegespräche vom unendlichen All und den Welten.* In: Kuhlenbeck, Ludwig: *Giordano Bruno – Gesammelte Werke: Zwiegespräche vom unendlichen All und den Welten.* Bd.3, Eugen Diederichs Verlag, Jena 1904, S.36.

⁴⁹ Claudius Ptolemäus: lebte in der ersten Hälfte des 2. Jahrhunderts n. Chr., einer der bedeutendsten Gelehrten auf dem Gebiete der Astronomie und Mathematik des Altertums, baute die aristotelische Theorie zu einem komplizierten System aus und durchdachte jede Einzelheit mathematisch, fasste seine „Himmelkunde" in dem Lehrbuch „Almagest" zusammen.

Jahrhundert n. Chr. die kosmischen Vorstellungen der Menschen beherrscht hatte. Die Hauptkritik Kopernikus an der ptolemäischen Astronomie ging aus von dem platonisch-aristotelischen Axiom der Gleich- und Kreisförmigkeit der Himmelsbewegungen. Mit der revolutionären These der „*mobilitas terrae*", die das Kernstück der Theorie darstellt, entrückte Kopernikus die Erde aus dem kosmischen Zentrum. Die Erde verlor ihre vorrangige Stellung und wurde plötzlich ein mit den anderen prinzipiell vergleichbarer Himmelskörper, der den gleichen physikalischen Gesetzmäßigkeiten unterlag, die überall im Kosmos Gültigkeit haben. Kopernikus hatte damit einen Stein ins Rollen gebracht, der eine ganze Lawine neuer Überlegungen nach sich ziehen konnte, die nicht nur einen bestimmten astronomischen Aspekt, sondern das ganze bisherige Gedankengebäude der Naturphilosophie in Frage stellen musste.

An diesen Punkt knüpfte auch Giordano Bruno an und Kopernikus' Gedankengänge waren für ihn nicht das Ende, sondern, wie Fred Stern schreibt, der Beginn seiner Überlegungen und Betrachtungen.[50] Bruno legte einen Weltentwurf vor, der alle Maßstäbe des damaligen theologischen und auch astronomischen Denkens sprengte. In diesem Weltbild gibt es weder Oben noch Unten, kein Links und kein Rechts, und auch keinen Himmel oder eine Hölle. Das Universum besitzt somit nach Bruno keine bestimmbare Grenze mehr wie noch im aristotelischen Weltbild. So ist nach Bruno auch „im Unendlichen der Umkreis nirgendwo und der Mittelpunkt überall"[51]. Es enthält alle Abmessungen, Größen, Entfernungen, alles Große und Kleine. Zudem hat es weder Zeit, noch Größe, noch einen angebbaren Raum oder Ort. Im 1. Dialog in „Vom unendlichen All und den Welten" erläutert er seine Ansicht: „Ich nenne das All als Ganzes unendlich, weil es ohne Rand ist, keine Schranke, keine Oberfläche hat; ich sage aber: das All ist nicht absolut und völlig unendlich, weil jeder Teil, den wir von ihm er-

---

[50] Vgl. Stern, Fred B.: *Giordano Bruno. Vision einer Weltsicht*. Verlag Anton Hain, Meisenheim am Glan, 1977, S.16.

[51] Bruno, Giordano: *Das Unermeßliche und Unzählbare. I. und II. Buch. (De Immenso et Innumerabilibus)*. Übersetzt von Erika Rojas, Skorpion-Verlag, Peißenberg 1999, S.112.

fassen können, begrenzt und jede einzelne der unzähligen Welten, die es in sich begreift, begrenzt ist."[52]

Und er kommt zu der Feststellung. „Im Universum ist die Mitte überall (...)".[53] Daraus schloss er, dass wenn der Horizont sich stets von neuem um den Ort des Betrachters als Mittelpunkt bildet, müssen jede Bewegung und jede Orts- und Zeitbestimmung relativ sein: „Tellerum non esse (cum infinitum sit universum) in medio, nisi ea, qua omnia in medio dicere possumus ratione."[54] Aus dieser Relativität der Wahrnehmung folgert Bruno die Pluralität der Welten, d.h. die Existenz unendlich vieler Himmelskörper und unendlich vieler Sonnensysteme. Diese Anschauung wurde dadurch unterstützt, dass Bruno keine Stoffverschiedenheit mehr zwischen Himmel und Erde anerkannte, da nach seiner Lehre sich dasselbe göttliche Sein überall äußert und deshalb zwischen der Erde und anderen Himmelskörpern kein Unterschied mehr gemacht werden darf. Die Annahme, dass überall im unendlichen Universum dieselbe göttliche Kraft wirkt, ist auch ausschlaggebend für seine Überzeugung der Existenz unendlich vieler Lebewesen auf anderen Planeten. Damit entrückte er als erster den Menschen von der höchsten Stufe der Leiter der Entwicklung und seiner Sonderstellung im Bereich der Lebewesen. Diese Überzeugung sollte ihn auch, wie im dritten Kapitel dargestellt wird, in Konflikt mit den Kirchen bringen.

Bruno griff die von Kopernikus begonnene Weltrevolution auf und führte diese philosophisch gesehen radikal durch. Nachdem Kopernikus bereits den Schritt gewagt hatte, gegen die kirchliche Lehre das Sonnensystem zu einem System freischwebender Bälle zu erklären, ging Bruno noch um einiges weiter. Während außerhalb des Sonnensystems des Kopernikus die Fixsternsphäre nach wie vor das All abschloss und die Lehre des Koperni-

---

[52] Bruno, *Zwiegespräche vom unendlichen All und den Welten*. In: Kuhlenbeck, *Gesammelte Werke*, Bd.3, 1904, S.41.

[53] Bruno, *Das Unermeßliche und Unzählbare. I. und II. Buch,* 1999, S.27.

[54] Bruno, Giordano: *De monade numero et figura.*. In: Jordani Bruni Nolani: *Opera Latine Conscripta. Vol.I.-ParsII.* Herausgegeben von Fiorentino u.a., Friedrich Frommann Verlag, Stuttgart-Bad Cannstatt 1962, S.337ff.

kus an der Endlichkeit des Weltgebäudes festhielt [55], durchbrach Bruno jegliche Grenze ohne Skrupel. Er ersetzte den abgeschlossenen Kosmos durch einen unermesslichen bis ins Unendliche sich ausdehnenden Weltraum. Es existieren kein zentraler Fixpunkt und keine natürliche Mitte des Universums mehr, deren Funktion die Erde im ptolemäischen Weltbild einnahm, sondern unendlich viele Zentren.

Seine Überlegungen beruhten dabei keinesfalls auf naturwissenschaftlichen Erkenntnissen, die er unter Beweis stellte. Giordano Brunos Lehre vom Universum stellt eine rein philosophische Spekulation dar. Für viele seiner Behauptungen konnte er keinen vollgültigen Beweis im Sinne der heutigen Wissenschaft erbringen. Reale, physikalische Experimente hat er nie durchgeführt. Bruno war ein Meister sogenannter Gedankenexperimente. Deshalb ist jedoch seine kosmologische Lehre nicht minder wertvoll und berechtigt nicht, seine Arbeit als unwissenschaftlich abzulehnen. Giordano Bruno hat in der ihm eigenen Mischung aus Intuition und denkerischer Schärfe vieles vorweggenommen, was Naturwissenschaftler erst viel später entdeckten. Eine wichtige Rolle bei seinen kosmologischen Überlegungen spielte zum Beispiel die Achsendrehung der Erde. So behauptet er im 3. Dialog in „Zwiegespräche vom unendlichen All und den Welten", dass die anderen Planeten sich desto langsamer um die Sonne bewegen, je größer ihre Umlaufbahnen sind, dass jedoch ihre Achsendrehung um so schneller ist, je langsamer sie um die Sonne kreisen.[56] Diese Bemerkung ist eine aus rein logischer Überlegung gemachte Voraussage, die wissenschaftlich erst im 17. Jahrhundert durch das 3. Keplersche Gesetz bewiesen worden ist. Nicht minder genial ist Brunos Behauptung über die größere Rotationsgeschwindigkeit der entfernteren Planeten, welche die mathematische Astronomie erst Jahrhunderte später errechnet hat. Auch polemisiert er im 3. Dialog des „Aschermittwochsmahl" gegen den Oxforder Gelehrten Nundinius und kommt zu dem Ergebnis, dass es im Weltall keinen Körper gibt,

---

[55] Vgl. Copernicus, Nicolaus: *De revolutionibus Liber primus*. In : Zekl, Hans Günther (Hg.): *Das neue Weltbild. Drei Texte: Commentariolus, Brief gegen Werner, De revolutionibus I*. Latein-Deutsch, Felix Meiner Verlag, Hamburg 1990, S.125.

[56] Vgl. Bruno, *Zwiegespräche vom unendlichen All und den Welten*. In: Kuhlenbeck, *Gesammelte Werke*, Bd.3, 1904, S.89.

der eine vollkommene Kugelgestalt hat, womit er die Abplattung an den Erdpolen um hunderte von Jahren vorausgesehen hat.[57] So hat Bruno in seinen kosmologischen Anschauungen, wie Alois Riehl schreibt, „ein Bild der Welt entworfen, das von der nachfolgenden Wissenschaft beinahe Zug um Zug bestätigt wurde (...)."[58]

Die Stellen, in denen Giordano Bruno die Unendlichkeit des Universums betont, finden sich aber nicht nur allein in seinem astronomischen Hauptwerk, sondern auch im „Aschermittwochsmahl" und in dem lateinischen Lehrgedicht „Über das Unermessliche und Unzählbare". Im neunten Kapitel des 3. Buches deutet Bruno eine Reihe derjenigen seiner Erkenntnisse an, die weit über die Lehre des Kopernikus hinausgehen und völlig neue Perspektiven eröffnen.[59] So erklärt er zum Beispiel im Gegensatz zu Kopernikus die Fixsterne allesamt zu Sonnen, und unsere Sonne, von einem Fixstern aus betrachtet, zu einem relativen Fixstern. Bruno ging auch nicht von sechs Planeten aus, sondern forderte nicht nur jenseits des Saturns weitere Planeten, sondern rechnete auch die Kometen zu den Planeten. Und schließlich durchbrach er auch die aristotelische, von Kopernikus übernommene Vorstellung, dass unser Sonnensystem, mit Einschluss der es umgebenden Fixsternsphäre, die eine und einzige Welt sei und behauptete stattdessen, dass jeder Fixstern Mittelpunkt einer Welt, und dass es, weil es unendlich viele solcher Fixsterne gebe, auch unendlich viele Mittelpunkte gebe, bzw. es überhaupt sinnlos sei, bei einem unendlichen Universum nach dem Mittelpunkt zu fragen.[60] So klingt bei Bruno, wie Bernd Rill schreibt, bereits moderne Astronomie an.[61]

Im 1. Dialog zu „Das Aschermittwochsmahl" schreibt er über sich selbst:

---

[57] Vgl. Bruno, *Das Aschermittwochsmahl*. In: Kuhlenbeck, *Gesammelte Werke*, Bd.1, 1904, S.98.

[58] Riehl, Alois: *Giordano Bruno. Zur Erinnerung an den 17. Februar 1600*. 2., neu bearbeitete Auflage, Verlag von Wilhelm Engelmann, Leipzig 1900, S.27.

[59] Vgl. Bruno, Giordano: *Das Unermessliche und Unzählbare. III. und IV. Buch. (De Immenso et Innumerabilibus)*. Übersetzt von Erika Rojas, Skorpion-Verlag, Peißenberg 1999, S.82-93.

[60] Vgl. Bruno, *Das Unermessliche und Unzählbare. I. und II. Buch*, 1999, S.20-27.

[61] Vgl. Rill, Bernd: *Die Inquisition und ihre Ketzer*. Idea Verlag, Puchheim 1982, S.252.

„Da war er es, der die Luft durchschwebte, in den Himmel eindrang, die Grenzen der Welt überschritt, die phantastischen Mauern der ersten, achten, neunten, zehnten und so weiteren Sphären, die man gern noch hinzugefügt hätte nach dem Wunsche eitler Mathematiker und der Blindheit der gewöhnlichen Philosophen, verschwinden machte; er war es, der (...) den Stummen, die es nicht wagten, ihre innerste Meinung zu sagen, die Zunge löste (...), der sie auf der Sonne, dem Monde und anderen Sternen ebenso heimisch gemacht hat, als ob sie deren Bewohner wären(...)."[62]

Das ist eine der wenigen Stellen, wo Bruno Kopernikus kritisiert. Sie wird hier aber nicht deswegen aufgeführt, sondern weil Bruno an dieser Stelle ohne Rückhalt die Relativität von Mittelpunkt und Grenzen und die Unendlichkeit des Universums verkündet. Dieses unendliche Universum muss nach Bruno auf zweifache Weise unendlich sein, nämlich einmal, insofern es keine Grenze, d.h. keine abschließende Sphäre, gibt und zum anderen, insofern es aus unendlich vielen Welten besteht. Der unendliche Raum mit seinen zahllosen Organismen stellt für Bruno die Herrlichkeit Gottes dar, die auf Grund ihrer Unermesslichkeit auch in unendlich vielen Individuen wiederscheinen muss. In „Zwiegespräche vom unendlichen All und den Welten" versucht er die Unendlichkeit des Universums mit der Größe und Allmacht Gottes zu beweisen, da, wie er schreibt, „die Herrlichkeit des göttlichen Abbildes, welches nur in einem schrankenlosen und einem seiner eigenen Seinsart entsprechenden unermeßlichen, unendlichen Spiegel völlig widerstrahlen kann!"[63]

Der Begriff „Kosmologie" war Bruno noch nicht bekannt, aber dennoch formulierte er in seinen Werken „Zwiegespräche vom unendlichen All und den Welten" und „Das Aschermittwochsmahl" in Zusammenhang mit seiner Lehre von der Unendlichkeit eine solche. In den Schriften von 1591 „Vom dreifach Kleinsten und vom Maß", „Von der Monas, der Zahl und der Figur" und „Vom Unzählbaren, Unermesslichen und Unvorstellbaren" entwickelte Bruno diese weiter und fasste die Kernpunkte seiner Kosmolo-

---

[62] Bruno, *Das Aschermittwochsmahl.* In: Kuhlenbeck, *Gesammelte Werke*, Bd.1, 1904, S.54.

[63] Bruno, *Zwiegespräche vom unendlichen All und den Welten.* In: Kuhlenbeck, *Gesammelte Werke*, Bd.3, 1904, S.40.

gie im sogenannten „Acrotismus" in 120 Artikeln zusammen.[64] Darin betont er nicht nur seine Überzeugung, dass das Universum ein einziges Unendliches ist, sondern auch, dass es – im Gegensatz zum aristotelischen Weltbild – keine bestimmbare Grenze besitzt. Das Universum enthält, so Bruno, alle Abmessungen, Größen und Entfernungen und hat selbst weder Zeit, noch Größe, noch einen angebbaren Raum oder Ort. Innerhalb des Universums, so stellt Bruno fest, muß jede Bewegung und jede Orts- und Zeitbestimmung relativ sein, da sich durch die Veränderung des Beobachterstandpunktes sich auch der Horizont stets von neuem um den Ort des Betrachters als Mittelpunkt bildet. Aus dieser Relativität der Wahrnehmungen folgert Bruno die Pluralität der Welten und schreibt: „Ist es also gut, dass diese Welt hat werden können und geworden ist, so ist es nicht minder gut, dass, wie sie sein können, so auch sind unzählige andere ihr ähnliche Welten."[65] Aus dieser Möglichkeit der Existenz unendlich vieler Welten und aus der Annehmbarkeit des unendlichen Raumes, ergibt sich für Bruno die Unendlichkeit des Weltalls. Die Überlegungen, aus denen heraus Giordano Bruno die Unendlichkeit folgert und die Endlichkeit des Universums ablehnt, sollen hier zusammengefasst angeführt werden:

- Wäre das Weltall gemäß der aristotelisch-ptolemäischen Lehre durch die Fixsternsphäre begrenzt, und wäre zudem nach Aristoteles der Begriff des Ortes durch die Beziehung auf einen Körper bestimmt, dann hätte die Welt als Ganzes, über die es der Behauptung nach nichts gibt, keinen Ort.[66]

- Behauptet man, dass außerhalb der Weltgrenze Gott sei und Gott der Ort aller Dinge, so ist es unverständlich, wie ein unkörperliches Wesen der Ort einer räumlichen Welt sein kann.[67]

---

[64] Bruno, Giordano: *Behauptungen über Natur und Welt*. In: Kuhlenbeck, *Gesammelte Werke*, Bd.6, 1909, S.132-144.
[65] Bruno, *Zwiegespräche vom unendlichen All und den Welten*. In: Kuhlenbeck, *Gesammelte Werke*, Bd.3, 1904, S.36.
[66] Vgl. ebd., S.29.
[67] Vgl. ebd., S.30.

- Die Vorstellung, es gäbe eine Grenze, jenseits derer nichts sei, ist unmöglich, denn versucht man es, dann würde man zu dem widersprüchlichen Schluss gelangen, die Hand, die sich über diese Grenze hinausstreckt, sei nicht mehr im Raum und daher nirgendwo.[68]
- Die Definition des Ortes als die Beziehung auf einen umfassenden Körper, nämlich die äußerste Himmelssphäre, ist auf diese selbst nicht anwendbar, da sie ja selbst nicht umschlossen ist. Daraus würde aber folgen, dass derjenige, der den Raum begründet, selbst von der Definition des Raumes nicht erfasst wird.[69]
- Behauptet man ferner, außerhalb der äußersten Himmelssphäre sei das Nichts, dann hätte diese Nichts eine Grenze nach innen, aber keine nach außen; das aber ist nicht vorzustellen.[70]
- Es ist widersprüchlich zu behaupten, der Raum, in welchem sich das All befindet, der der Voraussetzung nach das All umfasst und daher selbst nicht räumlich ist, sei tauglicher, eine Welt zu enthalten als irgendein anderer Raum jenseits der Welt. Ebenso gut könnten in unzähligen Räumen jenseits der Welt unzählige andere Welten von der Art der unseren sein.[71]

2.2. Metaphysik

Betrachtet man die metaphysischen Überlegungen von Giordano Bruno, so lässt sich feststellen, dass auch hier der Unendlichkeitsgedanke das Rückgrat dazu bildet und seine gesamte Philosophie nicht verstanden werden kann, wenn man nicht von diesem Gedanken ausgeht und auch immer wieder darauf zurückkommt.

Giordano Brunos Anschauung ging jedoch nicht nur von dem Prinzip der Unendlichkeit, sondern auch von dem Prinzip der Einheit des Universums

---

[68] Vgl. ebd., S.30.
[69] Vgl. ebd., S.31.
[70] Vgl. Bruno, *Zwiegespräche vom unendlichen All und den Welten.* In: Kuhlenbeck, *Gesammelte Werke,* Bd.3, 1904, S.30.
[71] Vgl. ebd., S.33.

aus, indem er die Welt in ihrer Ganzheit und nicht in ihren Teilen erkannte. Es war ihm völlig undenkbar, dass eine Einzelwissenschaft imstande sein könnte, die Gesamtheit der unermesslichen Welt in ihrer Ganzheit zu erkennen. Deshalb war die Philosophie für ihn diejenige Wissenschaft, der Bruno die Aufgabe zugeteilt sah, die Ergebnisse aller Einzelwissenschaften in ein großes Gesamtbild zusammenzufassen und ihnen dadurch Sinn zu verleihen. Dementsprechend zeichnen sich auch seine philosophischen Überlegungen durch eine Systematik aus, die unterschiedliche Strukturprinzipien enthalten, aber gleichgerichtet sind und immer wieder auf den Gesamtzusammenhang zielen. Dies macht die Untersuchung seiner Lehre insofern schwierig, dass unterschiedliche philosophische Themenbereiche fließend unter dem zentralen Aspekt der Unendlichkeit und Einheit, bzw. einer „Synthese zwischen Metaphysik, Kosmologie und Anthropologie"[72], wie Jochen Winter schreibt, ineinander übergehen und nicht strikt voneinander getrennt werden können. Auf die Wiederholung einzelner Grundgedanken, die eine Voraussetzung für das Verständnis des brunonischen Denkens darstellen, kann und soll daher auch in dieser Arbeit nicht verzichtet werden.

2.2.1. Unendlichkeit

Ähnlich wie in der Kosmologie die Theorie Kopernikus`, so lieferte Giordano Bruno in der Metaphysik das Werk des deutschen Philosophen Nikolaus von Kues (1401-1464)[73] eine Basis, auf der er weiterbaute. Im Gegensatz zu Brunos Lehre stehen sich bei Nikolaus von Kues noch zwei Welten gegenüber. Zum einen die endliche Welt, in der wir Sterbliche leben und an die wir gekettet sind, und zum anderen die unendliche Welt, die jenseits dieser Welt liegt, die Gottheit selbst ist und die wir mit dem Verstand nur erahnen, aber nicht begreifen können. Auch Bruno schreibt:

---

[72] Winter, Jochen: *Giordano Bruno. Eine Einführung.* Parerga Verlag, Düsseldorf 1999, S.126.

[73] Die Benennungen sind unterschiedlich: Neben Nikolaus von Cusa oder der germanisierten Schreibweise Nikolaus von Kues findet man auch Nicolaus von Cues, ferner Cusanus und Der Cusaner, oder einfach nur Cusa.

„Non si conosce dio, si diventa dio."[74] Doch für Nikolaus von Kues führt kein Weg vom Endlichen zum Unendlichen und es gibt kein Verhältnis zwischen den beiden. Nur im Nichtwissen unseres Verstandes kann das Unerreichbare, dem unsere ungestillte Sehnsucht gilt, erahnt werden.[75] Bei von Kues liegt in der Gegenüberstellung von Gott und Welt die Akzentuierung immer im Göttlichen und endet auch in der Erkenntnis, dass der Sinn allen Wissens im Göttlichen liegt. Die Wissenschaft hat für ihn nur eine Bedeutung als Weg zur Gotteserkenntnis (Vgl. 4.2.2. Nikolaus von Kues: Die metaphysische Voraussetzung). Während bei Nikolaus von Kues die Unendlichkeit im Jenseits liegt, wird bei Giordano Bruno die Unendlichkeit selber zum Absoluten. Die unendliche Welt wird identisch mit dem göttlichen Geiste, dem wir nicht im Jenseits, sondern in uns selbst begegnen.[76]

2.2.2. Weltseele

Die Ansicht von der allgemeinen Beseelung der Welt und aller Dinge in der Welt, welche der Naturphilosophie des 16. Jahrhunderts nicht fremd ist, stellt bei Giordano Bruno einen Hauptpunkt seiner Lehre dar. Auch hier ist wiederum die Unendlichkeit Verbindungsglied, welches mit der göttlichen Weltseele eine Einheit bildet.

Für Bruno ist die Weltseele, insofern sie beseelt und gestaltet, ein innerer und formaler Teil des Weltalls, die er „inneren Künstler" nennt, „da sie die Materie formt und von innen heraus gestaltet"[77]. Durch die Weltseele geht letztendlich die innere Form der Dinge hervor. Sie stellt bei Bruno den unendlichen Kern des Lebens dar, welcher sich in der Materie seine Gestal-

---

[74] Bruno, Giordano: *„Man kann Gott nicht erkennen, man kann ihn nur ahnen."* In: Stern, *Giordano Bruno*, 1977, S.87.

[75] Vgl. Kues, Nikolaus von: *Die belehrte Unwissenheit. Band I. Latein-Deutsch*. Herausgegeben und übersetzt von Paul Wilpert, Felix Meiner Verlag, Hamburg 1964, S.15.

[76] Vgl. Bruno, *Das Aschermittwochsmahl*. In: Kuhlenbeck, *Gesammelte Werke*, Bd.1, 1904, S.55.

[77] Bruno, Giordano: *Von der Ursache, dem Anfangsgrund und dem Einen*. In: Kuhlenbeck, Ludwig: *Giordano Bruno - Gesammelte Werke: Von der Ursache, dem Anfangsgrund und dem Einen*. Bd.4, Eugen Diederichs Verlag, Jena 1906, S.51.

tungen und Individuen bildet. Diese innere Form ist in allen lebendigen Dingen, die sich aber voneinander unterscheiden. Diese Unterschiede sind bedingt durch die Unendlichkeit der all-einen Gottheit, die sich in der Unendlichkeit verschiedenartiger Individuen wiederspiegelt und unendlich viele Seins-Möglichkeiten beinhaltet. Dieses Prinzip der inneren Form lässt Bruno direkt aus der Weltseele hervorgehen. Im Gegensatz zu seinen Renaissance-Vorgängern[78], ist die Weltseele bei Giordano Bruno eine geistige Macht. Bruno greift hier auf die Platoniker zurück, die den höheren Teil der Seele als Geist begreifen, in dem die Vernunft herrscht.[79]

2.2.3. Materie und Substanz

Die Unendlichkeit stellt bei Giordano Bruno auch ein Kriterium dessen dar, was er Substanz und Materie nennt. Als reine Materie bezeichnet er das, woraus alles hervorgeht und in das alles wieder zurückkehrt. Nur die äußeren Formen wechseln und vergehen nach Bruno, weil sie nämlich keine Dinge sind, sondern lediglich zu den Dingen gehören.[80] Giordano Bruno geht dabei von der Annahme geistiger Materie aus, die er mit dem körperlichen zu einem einheitlichen Sein verbindet. Die formlose Materie ist für Bruno eine reine Möglichkeit, die jedoch noch nicht wirklich ist. Sie enthält den Keim zur Formung, durch welche erst die Vielgestalt der weltlichen Dinge geschaffen wird.

Das war eine These, der viele Philosophen des 19. Jahrhunderts nicht folgen konnten. Unzugänglich erschien das Prinzip, dass jedes körperliche Substrat aus dem Geistigen hervorsprießen kann. An diesem Punkt stellt sich einem nämlich die Frage, wie sich etwas aus einer Materie entwickeln kann, die nur eine Möglichkeit und damit Abstraktion ist. Gerade Brunos Überlegungen zur Materie und Substanz machen die teilweise labyrinthischen Gedankengänge Giordano Brunos deutlich, die sich vor allem in sei-

---

[78] Vgl. z.B. Telesio oder Cardano; Naturphilosophen der Renaissance, bei denen die Weltseele mit dem durch das Universum verbreiteten beseelten Äther identisch ist.

[79] Vgl. Bruno, *Eroici furori*. In: Kuhlenbeck, *Gesammelte Werke,* Bd.5, 1907, S.85.

[80] Vgl. Bruno, *Von der Ursache, dem Anfangsgrund und dem Einen.* In: Kuhlenbeck, *Gesammelte Werke,* Bd.4, 1906, S.82.

nen metaphysischen Werken offenbaren und dem Leser das Verständnis erschweren.

Auch nach ausführlicher Beschäftigung mit seinen Überlegungen, bleibt das, was Bruno als Materie bezeichnet ein Phantasiegebilde, das nicht mehr sinnlich erfaßbare Dinge behandelt und sich in der Abstraktion des Begriffes der Möglichkeit auflöst.

2.2.4. Monade

Giordano Brunos metaphysische Überlegungen zielen auf den theoretischen Entwurf der Möglichkeit, das unendliche Universum als einen Prozess ständiger Bewegtheit und Belebtheit zu erfassen. Im Grunde genommen gibt es für ihn nichts, was nicht in weiterem Sinne lebendig wäre.[81] Bruno sieht alle Erscheinungen des Naturzusammenhangs als Lebensausdruck einer internen Kraft und damit auch als Bestandteile einer mit sich identischen Immanenz. Verändert sich nach Bruno die äußere Natur der materiellen Realität, so ist dies als der sinnlich wahrnehmbare Ausdruck, als das physische Resultat der Bewegung kleinster, unsichtbarer Körperbestandteile zu erklären. Die besondere Beschaffenheit dieser kleinsten Körperteile, die Bruno Monaden nennt, soll in diesem Abschnitt erläutert werden.

Die Lehre Giordano Brunos von der Monade geht aus von dem Grundgedanken, etwas auszusagen über die kleinsten Einzeldinge in der Natur und ihre Relation zu dem zusammengesetzten Ganzen. Als Monade bestimmt Bruno die geistige Urheinheit alles Substantiellen, das Zentrum jeglicher Aktivität, in allem Lebendigen und die Basis alles dessen, was Bewegung, Gestalt und Ausdehnung besitzt. Die Monade ist nach Bruno somit das metaphysische Minimum, das nicht mehr teilbar ist. Eine Kette der Monaden läuft durch die ganze Schöpfung. Alle Daseinsformen sind nur verschiedene Aggregatsverbindungen der Monaden und alle natürlichen Prozesse werden nur als Variationen und Transformationen dieser Ureinheit gese-

---

[81] Vgl. Grassi, Ernesto: *Giordano Bruno – Heroische Leidenschaften und individuelles Leben. Eine Auswahl und Interpretation von Ernesto Grassi.* Verlag A. Francke AG, Bern 1974, S.21.

hen. Die Gottheit stellt bei Bruno, wie Wilhelm G. Tennemann schreibt, die Monade der Monaden dar, d.h. sie ist die Bedingung der Dinge und das Prinzip, durch welches alle Dinge Einheit haben.[82] Die Monade ist gleich der Substanz und Materie, wird aber betrachtet als ein geistiger, unkörperlicher Begriff, der alles Körperliche aus sich selbst heraustreibt und unvergänglich ist. In diesem Zusammenhang folgert Bruno aus der Unvergänglichkeit der Monaden auch die Unsterblichkeit der menschlichen Seele.

„Monas" heißt nichts anderes als Eins und steht als solche für die Zahl eins. Für Giordano Bruno ist diese Zahl eins nicht nur eine Zahl, sondern sie ist im übertragenen Sinne eine Einheit. Diese Einheit ist für ihn nichts anderes als die Gottheit selbst, in der alles wieder in Einheit aufgeht. Gott als die Monade aller Monaden ist „Prinzip von Zahl und Maß"[83]. Bruno bedient sich hier des Gesetzes und der Ordnung der Zahlenwelt als einer Analogie, durch die er seine Monadentheorie erklären will. Alle Gegensätze zwischen Einheit im Unendlichen und der Gegensätzlichkeit im Endlichen versucht Bruno durch seine Monadenlehre zu überbrücken. Gott, als Monade, als Substanz und Materie verkörpert darin das rein geistige Prinzip, das ewig und unvergänglich ist und alles zur Einheit des Seins drängt. In Anschluss an Nikolaus von Kues lehrt Bruno, dass Gott sowohl das Größte als auch das Kleinste ist, da er Lebensprinzip des Individuums als auch des Universums ist.

Giordano Bruno unterscheidet in seiner Lehre drei Minima, nämlich geometrisch den Punkt, pyhsikalisch das Atom und metaphysisch die Monade. Metaphysisch ist für ihn das Minimum die individuelle, beseelte und geistige Monade. Die Mannigfaltigkeit des gesamten Seins besteht aus nichts anderem, als aus den verschiedenartigen Verbindungen, welche diese Monaden unter sich eingehen. Da die Monaden nach Bruno die Substanz aller Dinge sind, sind sie als solche geistige Einheiten.

---

[82] Vgl. Tennemann, Wilhelm Gottlieb: *Geschichte der Philosophie*. Bd.9, Johann Ambrosius Barth Verlag, 1814, S.405.
[83] Heipcke, Klaus/ Neuser, Wolfgang/ Wicke, Erhard (Hg.): *Die Frankfurter Schriften Giordano Brunos und ihre Voraussetzungen*. VCH Verlagsgesellschaft, Weinheim 1991, S.78.

Wenn Bruno die Gottheit oder die Monas als Ursprung aller Zahlen und Prinzip des Seienden begreift, geschieht dies in Rückgriff auf neuplatonische sowie in Bezugnahme auf eine Tradition mathematisch-geometrischer Einheits-spekulation, die prägend für die mittelalterliche wie frühneuzeitliche Metaphysik ist.

2.2.5. Atome

Bei den Überlegungen zu den kleinsten beweglichen Teilen widerspricht Giordano Bruno Aristoteles, für den ein absolut leerer Raum nicht denkbar ist.[84] Aristoteles hatte damit schon zu antiken Zeiten der Vorstellung der Atomisten widersprochen, die alle materiellen Erscheinungen und Veränderungen durch die ständige Bewegung von kleinsten Grundelementen erklärten. Die Atome setzen aber für den freien Fluß ihrer Bewegungen den leeren Raum voraus. An diese Begründung der Notwendigkeit des leeren Raumes schließt Bruno an. Er folgert darüber hinaus durch den theoretischen Nachweis der Existenz des leeren Raumes, gleich den Atomisten, nicht nur die Möglichkeit der Existenz der unendlichen Bewegung jener kleinsten Grundelemente des mateiellen Seins, sondern auch des unendlichen Universums.[85]

Die aristotelische Vorstellung lehnte Bruno strikt ab. Die Unmöglichkeit des leeren Raumes innerhalb des Kosmos erschien ihm völlig unlogisch und in sich widersprüchlich. Bruno folgerte nämlich aus Aristoteles' Weltbildentwurf, dass das „Nichts" auch die letzte Schale der Weltkugel von außen begrenzen müsse und damit dieses „Nichts" auch lokalisierbar sei. Die Fragen, die sich für Giordano Bruno daraus ergaben, waren, wie kann ein „Nichts" ein „Etwas" einschließen und begrenzen, und wie kann eine

---

[84] Vgl. Bruno, *Zwiegespräche vom unendlichen All und den Welten*. In: Kuhlenbeck, *Gesammelte Werke,* Bd.3, 1904, S.31.

[85] Vgl. Bruno, *Das Aschermittwochsmahl*. In: Kuhlenbeck, *Gesammelte Werke,* Bd.1, 1904, S.103.

Leere, die selbst dadurch definiert wurde, dass sie unfähig ist, etwas zu beinhalten, in ausschließender Form ein Volles umfassen.[86]

Der Ätherraum ist erfüllt von einer Vielheit mannigfaltigster Lebewesen, die Kraft der allverbindenden Weltseele in innerem Zusammenhang und in Wechselwirkung stehen bzw. einer fortwährenden Veränderung durch stofflichen Austausch, den Zu- und Abfluss stofflicher Partikel oder Atome unterliegen. Bruno betont an verschiedenen Stellen, dass zwischen dem unterschiedslosen und damit unteilbaren unendlichen Universum und den Teilen im Universum zu differenzieren ist.[87] Das Unendliche und das Endliche sind nicht zu vergleichen.

2.2.6. Seele

In dem Werk „Von den heroischen Leidenschaften" finden Giordano Brunos Überlegungen zur Seele genauere Vertiefung. Den Körper betrachtet Bruno dabei nicht als Raum-Ort der Seele. Die Seele befindet sich nicht räumlich im Leib, sondern verhält sich zum Körper wie eine innerliche Gestalt zu seinem äußeren Gestalter. Bruno folgert daraus, dass der Leib „in der Seele, wie die Seele im Geist und der Geist in Gott"[88] ist. Brunos Seelenlehre steht in direktem Zusammenhang mit seiner Monadenlehre, in welcher er zur Feststellung kommt, dass Geist und Seele nicht miteinander verbundene Teile sind. Die Seele ist ein immaterielles Wesen, sagt Bruno, die sich vom menschlichen Körper trennen und auch ohne ihn existieren kann.[89] Die Seele des Menschen verhält sich zum ganzen Menschen so wie die Weltseele zu den einzelnen Dingen. Sie ist daher ein Wesen, wie jede einfache Form, die keine Ausdehnung besitzt und kein Zustand ist. Das Wesen der Seele selbst besteht weder aus Materie, noch ist es an Materie gebunden.

---

[86] Vgl. Bruno, *Zwiegespräche vom unendlichen All und den Welten.* In: Kuhlenbeck, *Gesammelte Werke,* Bd.3, 1904, S.29.

[87] Vgl. ebd., S.41.

[88] Bruno, *Eroici furori.* In: Kuhlenbeck, *Gesammelte Werke,* Bd.5, 1907, S.63.

[89] Vgl. ebd., S.66.

Ausführlicher als mit dem Wesen der Seele beschäftigt sich Bruno in seinem Werk „Von den heroischen Leidenschaften" aber mit der Unsterblichkeit der Seele. Zwar ist, wie Bruno ausführt, das spezifische körperliche Dasein jedes Individuums dem wechselhaften Schicksal unterworfen, doch unabhängig von der individuellen Erscheinungsweise, die als stoffliche Zusammensetzung dem permanenten Gestaltwandel alles Lebendigen unterliegt und schließlich der Auflösung anheimfällt, ist die ewig körperliche Substanz ein der Auflösung unterliegender Gegenstand.[90] Weil folglich Materie und Geist der Substanz nach unauflösbar sind, hat niemand den Tod zu fürchten, der nach Bruno doch nichts anderes ist als das Auseinandertreten einer körperlichen Verbindung stofflicher Partikel. Die Geburt stellt für ihn die Ausdehnung, der Tod lediglich das Zusammenziehen der Seele dar. So schreibt er: „Anima sapiens non timet mortem".[91] Die Zusammensetzung jedes lebendigen Organismus aber rührt von dem inneren Prinzip der Seele, die den Körper von innen heraus gestaltet und am Leben erhält, bis die Lebenszeit dieses jeweils individuellen körperlichen Wesens abgelaufen ist und die Seele sich wieder in ihr Zentrum zurückzieht, die Teile des Körpers verlässt und schließlich aus dem Körper heraustritt.[92] Denn weder die stofflichen Atome, deren permanenter Zu- und Abfluss das Werden und Vergehen der Körper bestimmt, noch die den Körper belebende Seele sind vernichtbar. Vielmehr ist es gerade die Natur der Seele, so Bruno, sich immer wieder zu verkörpern und neues Leben zu entfalten. Bruno vergleicht ihre Funktion mit derjenigen der Sonnenstrahlen, welche die Erde berühren und sich mit niederen und dunklen Dingen der Erde vereinigen.[93] Gleichermaßen wird die Seele, da sie im Grenzgebiet der Natur steht, gleichzeitig körperlich und unkörperlich.

In seinem Buch verbindet Bruno die Seelenlehre mit der des leidenschaftlichen Heldens in einer Form von drei Graden der Intelligenz. In dem einen

---

[90] Vgl. Bruno, *Eroici furori*. In: Kuhlenbeck, *Gesammelte Werke*, Bd.5, 1907, S.84f.
[91] Bruno, Giordano: *De Immenso et Innumerabilibus*. In: Jordani Bruni Nolani: *Opera Latine Conscripta. Vol.I.-Pars I*. Herausgegeben von Fiorentino u.a., Friedrich Frommann Verlag, Stuttgart-Bad Cannstatt 1962, S.205.
[92] Vgl. Bruno, *Eroici furori*. In: Kuhlenbeck: *Gesammelte Werke*, Bd.5., 1907, S.67f.
[93] Vgl.ebd., 1907, S.85.

übersteigt das Intellektuelle das Animalische, welche er als himmlische Intelligenzen bezeichnet, in dem anderen dagegen übertrumpft das Triebhafte den Geist, worunter er die gewöhnliche, menschliche Intelligenz versteht.[94] Wird aber beides, Wille und Vorstellung, Anschauung und Vernunft, in Gleichgewicht gebracht, so wird an dieser Stelle der leidenschaftliche Held geboren. Bruno übernimmt auch hier die Dreigliederung des Neuplatonismus.

Brunos Glaube an die Unzerstörbarkeit der Seele deutet mit unabweisbarer Folgerichtigkeit auf die Lehre von der Seelenwanderung hin. Nach seiner Vorstellung ist es auch so, dass diejenige Seele, die ihre Begierden und Affekte nicht zu kontrollieren vermag, im Kreislauf der Wiedergeburten „in einen andern qualvolleren und unedleren Körper, als den sie verliess, herabsteigen muß"[95].

Zwar schließt sich Bruno nicht dem Glauben an eine Fortexistenz gefallener Seelen in Tierleibern an, vertritt aber prinzipiell die Auffassung, dass eine schicksalhafte Gerechtigkeit, die Seele im Durchlaufen ihrer Wandlungen je nach Lebensführung in entsprechend bessere oder schlechtere Lebensformen eingehen lässt, da, wie er schreibt, „die Seelen stets nach einer anderen Wiederkehr streben"[96].

Anne Eusterschulte schreibt dazu: „Was sich in dieser Lehre individueller Wiederverkörperung der Seele abzeichnet, ist daher auch eine anthropologische Reflexion: Aufstieg und Fall des Menschen, das Zurücksinken in tierische Verrohung oder die Möglichkeit, im Sinne höchster Tugendhaftigkeit und Vergeistigung über das jeweilige Schicksal hinauszuwachsen, liegen in der Hand des einzelnen."[97]

---

[94] Vgl. ebd., S.86.
[95] Bruno, Giordano: *Die Vertreibung der triumphierenden Bestie.* In: Kuhlenbeck, Ludwig: *Giordano Bruno - Gesammelte Werke: Die Vertreibung der triumphierenden Bestie.* Bd.2, Eugen Diederichs Verlag, Jena 1904, S.23.
[96] Bruno, *Das Unermeßliche und Unzählbare. I. und II. Buch,* 1999, S.90.
[97] Eusterschulte, Anne: *Giordano Bruno zur Einführung.* Junius Verlag, Hamburg 1997, S.63f.

2.2.7. Das Prinzip der Einheit

„Denn wie der, der das Eine nicht versteht, nichts versteht, so versteht umgekehrt, wer Eines wahrhaft versteht, Alles; und wer sich der Erkenntnis des Einen am meisten nähert, der nähert sich am meisten der Erkenntnis aller Dinge."[98]

Der bisherige Einblick in die Lehre Giordano Brunos und gerade dieses Zitat machen deutlich, dass Brunos Denken letzten Endes immer um die Einheit kreist. Das Ziel seiner Philosophie ist es, die Einheit in jeder Vielheit und die Identität in jeder Verschiedenheit zu suchen und zu erkennen. Der philosophische Grundgedanke ist dabei die unendliche Ursache oder die unendliche Verwirklichung der unendlichen Macht im Universum.[99]

Mit dieser All-Einheitslehre knüpft Bruno an die Idee der Neuplatoniker an, die Platons Ideenlehre des Unräumlichen, Zeitlosen, Unveränderlichen, nur dem Denken Zugänglichen aufgriffen und erneuerten. Der Rückgriff auf die platonische Ideenlehre, vermittelt durch den Neuplatonismus, war in der Philosophie der damaligen Zeit nichts Ungewöhnliches. Vor allem Augustinus (354-430), der einflussreichste Kirchenlehrer, formte die philosophische Anschauung Platons im christlichen Sinne um, indem er das Göttliche als das Höchste Gut hoch über alles Irdische und Weltliche erhob und mit seiner Lehre entscheidend die christliche Philosophie und Theologie des Mittelalters prägte.

Arbeitet man sich durch die zahlreichen Werke Giordano Brunos, entsteht schnell der Eindruck, dass ihm so etwas wie eine strukturale Logik gänzlich fehlt. Betrachtet man seine Werke jedoch etwas genauer, wird ersichtlich, dass Brunos ganzes Denken sich als vielfach verzweigter Weg zu einer Einheit präsentiert. Die Werke Brunos lassen auf einen sehr pluralen Denker schließen, dessen Systematik sich dadurch auszeichnet, dass all seine Ideen und Gedankengänge, wenn auch unterschiedlich ausgedrückt,

---

[98] Bruno, *Von der Ursache, dem Anfangsgrund und dem Einen.* In: Kuhlenbeck, *Gesammelte Werke,* Bd.4, 1906, S.138.

[99] Vgl. ebd., S.138.

immer gleichgerichtet sind und auf den Gesamtzusammenhang der Einheit zielen. Er selbst schrieb einst: „Über der Einheit gibt es nichts, weil nichts mächtiger ist als sie, und es gibt nichts, was ohne die Teilhabe an der Einheit etwas vermöchte."[100] Seine Idee von der Einheit der Dinge lässt sich analog von seiner Vorstellung des Universums ablesen, das er als Unendliches aus der ersten ursprünglichen Einheit, aber als eine zusammengesetzte Einheit bestimmt. So schreibt Bruno, um seine Idee von der Einheit zu verdeutlichen:

„Wie der Zehner auch eine Einheit, aber eine zusammenfassende ist, so ist der Hunderter nicht minder eine Einheit, aber noch mehr zusammenfassend, der Tausender ist nicht weniger eine Einheit, aber noch viel mehr zusammenfassend. Was ich Ihnen hier in der Arithmetik darlege, müssen Sie in höherem und übertragenem Sinne auf alle Dinge anwenden. Das höchste Gut, der höchste Gegenstand des Begehrens, die höchste Vollkommenheit, die höchste Seligkeit besteht in der Einheit, die Alles umfasst."[101]

An diesem Punkt stellt sich die Frage, wie trotz der von Bruno proklamierten absoluten Einheit die Vielheit überhaupt möglich sein kann, die sich, wie in den vorhergehenden Abschnitten über Kosmologie und Metaphysik gezeigt wurde, in unendlich vielen Variationen manifestiert. Für Bruno ist die absolute Einheit die vollkommene Identität von Möglichkeit und Wirklichkeit, von Können, Wollen und Tun, sowie von Freiheit, Notwendigkeit und Wille. Er schreibt:

„Richten wir unsere Gedanken auf den ersten und höchsten Anfangsgrund, der alles ist, was er sein kann! Er würde nicht alles sein, wenn er nicht alles sein könnte. Also sind in ihm Wirklichkeit und Möglichkeit eins und dasselbe."[102]

Das Schöpfungsprinzip wird bei Bruno zu einem unendlichen Selbstschöpfungsprozess, bei dem Gott sich durch die Vielheit selbstentfaltet.

---

[100] Bruno, *Über die Monas, die Zahl und die Figur*. In: Samsonow, *Giordano Bruno*, 1999, S.45.
[101] Bruno, *Von der Ursache, dem Anfangsgrund und dem Einen*. In: Kuhlenbeck, *Gesammelte Werke*, Bd.4., 1906, S.137.
[102] Bruno, *Von der Ursache, dem Anfangsgrund und dem Einen*. In: Kuhlenbeck, *Gesammelte Werke*, Bd.4., 1906, S.89.

Beate Hentschel schreibt dazu: „In unentfalteter Weise ist das Göttliche ein Einiges, was alles Sein umschließt."[103]

Immer wieder sucht Bruno nach Möglichkeiten, die konkrete Vielheit zu einer letzten Einheit zurückzuführen. Aus der Unendlichkeit des ersten Prinzips heraus, bestimmt er analog dazu das Universum, das daraus als unendlich hervorging, da jeder andere Analogieschluss dem ersten Prinzip den Vollkommenheits- und Unendlichkeitscharakter absprechen würde. So wendet Bruno seine Vorstellungen auch auf die Unendlichkeit des Universums an. Er beschreibt das Universum als unteilbar, unendlich und unbeweglich. Es ist weder leicht, noch schwer und in seiner Unendlichkeit existiert kein Maß, da es keine Differenz gibt. Raum und Zeit sind unerfassbar und unendlich und wie das Universum selbst ganz Zentrum ist, so ist das Zentrum des Universums überall und nirgendwo. In seiner Einheit und Ganzheit ist das Universum ein in sich ruhender Kosmos, in dem sich unzählige Einzeldinge, die in der Form stetig mutieren, kontinuierlich bewegen. Dieser Kosmos in seiner Harmonie und Einheit stellt für Giordano Bruno das Abbild des Göttlichen dar, das sich darin selbst entfaltet und „ein Spiegel seiner unvergleichlichen Weisheit, Macht und Güte"[104] ist. Die Gleichheit und Harmonie von Prinzip, Ursache, Materie, Weltseele und Natur ist damit nicht nur in der ursprünglichen Einheit, sondern im ganzen Universum enthalten und präsent. Gott und Universum stehen bei Bruno somit in einem wechselseitig aufeinander einwirkenden Verhältnis. Es lässt sich die Schlussfolgerung ziehen, dass bei Giordano Bruno Gott und Universum, bzw. die Natur von der Substanz her identisch sind. Da Gott und Natur bei Bruno nicht mehr genau getrennt werden, kann man seiner Lehre durchaus einen pantheistischen Ansatz entnehmen. Wenn Bruno bei seinen Gedankengängen den Dualismus zwar nicht ganz aufgibt, so verschwimmen bei ihm doch die Grenzen und er wendet sich eindeutig gegen traditionelle dualistische Systeme.

---

[103] Hentschel, Beate: *Die Philosophie Giordano Brunos – Chaos oder Kosmos? Eine Untersuchung zur strukturalen Logizität und Systemazität des Nolanischen Werkes.* Peter Lang Verlag, Frankfurt a.M. 1988, S.104.

[104] Bruno, *Das Unermessliche und Unzählbare. I. und II. Buch,* 1999, S.135.

2.2.8. Zusammenfassung

Was bisher bearbeitet wurde gibt in großen Zügen eine Gesamtansicht der metaphysischen Überlegungen Giordano Brunos, keinesfalls aber einen vollständigen Umriss aller philosophischen Einzelfragen, mit denen er sich in der großen Reihe seiner Schriftwerke – von Bruno sind insgesamt 62 Schriftwerke erhalten und weitere 27, die jedoch als verschollen gelten, bekannt - auseinandergesetzt hat. Da eine eingehende Analyse seiner Schriften zu weit ausladend wäre, sollen an dieser Stelle nochmals in einer Übersicht die inneren Zusammenhänge seiner metaphysischen Grundgedanken dargestellt werden.

Giordano Brunos Weltanschauung geht aus von einer Kritik der aristotelischen Philosophie. Sein metaphysisches System lehnt sich in vielem an Platon und die vorsokratische Naturphilosophie, sowie an den Vorgänger Nikolaus von Kues an. In den wesentlichen Punkten geht er jedoch weit darüber hinaus und kommt zu folgenden, eigenen Ergebnissen: Als Ursache definiert er das, was äußerlich, und als Prinzip das, was innerlich zur Entstehung eines Dinges beiträgt. Die kausale, wirkende Ursache sieht er als identisch mit der Weltseele, da alles belebt ist. Unter Weltseele versteht Bruno das Prinzip, das jeglichem Erzeugten innewohnt und eine von innen her ordnende Macht darstellt. Darüber hinaus lehrt Bruno eine ursprüngliche Einheit alles Wirklichen, die ein lebendiges Ganzes bildet. Diese Einheit, die nach Bruno überall wirkt, ist für ihn identisch mit Gott und somit auch mit der Substanz und der allgemeinen Vernunft, die nach Platon über aller Vernunft liegt. Den Sitz der göttlichen Vernunft sieht Bruno in der Materie. Damit entsprechen sich Materie und Göttliches, d.h., dass Gott und Natur zusammenfallen. Anne Eusterschulte fasst die metaphysische Grundstruktur der Philosophie Giordano Brunos in dem Satz zusammen: „Das absolute Eine teilt sich über den universalen Intellekt der Weltseele und damit der allbeseelten Ganzheit des Seienden mit, so dass es nichts gibt, in dem die Einheit nicht wirksam würde, sondern alles ganz und gar von Geist durchdrungen ist."[105]

---

[105] Eusterschulte, *Giordano Bruno zur Einführung*, 1997, S.32.

2.3. Anthropologie

In Anschluss an die bisherige Untersuchung der Lehre Giordano Brunos, soll in diesem Abschnitt gezeigt werden, dass Bruno die Idee von der Unendlichkeit nicht nur auf das Universum, die Natur, das Sein und das Göttliche, sondern auch auf das Bewusstsein und den Intellekt des Menschen bezieht. In seiner Schrift „Über die heroischen Leidenschaften" thematisiert Bruno jenen Sachverhalt und entwickelt ein eigenständiges anthropologisches Konzept, durch das er sich zur menschlichen Willensfreiheit äußert. Durch seine kosmologische und naturtheoretische Lehre, die ein völlig neues Weltbild entstehen lässt, ergeben sich auch ethische und anthropologische Ansätze, die gezwungenermaßen auch ein grundlegend neues Bild vom Menschen zur Konsequenz haben. Brunos zentrale anthropologische Frage lautet, ob der Mensch ein freies oder determiniertes Wesen ist.

In seiner Philosophie geht er von der Annahme aus, dass die absolute Freiheit für den Menschen nicht möglich ist. Bruno behauptet, dass die Freiheit, bzw. der freie Wille nicht uneingeschränkt, sondern nur innerhalb eines bestimmten Rahmens existiert, in dem den Menschen konkrete Alternativen notwendig gegeben sind.[106] D.h. die Freiheit des Menschen besteht in seiner Macht, aus verschiedenen gegebenen Möglichkeiten eine auswählen zu können. Die absolute Freiheit würde eine vollkommene Identität mit der ersten Einheit, also dem Göttlichen, voraussetzen. Die menschliche Freiheit besteht für Bruno dagegen darin, dass der Mensch mit dem Göttlichen zu einer neuen Einheit verschmilzt. Als entscheidend erachtet er dabei weniger das freie Handeln als vielmehr das freie, uneingeschränkte Erkennen der Wahrheit; d.h. den Prozess der Freiwerdung, die innere Reform des menschlichen Intellekts und Affekts, und nicht in erster Linie die äußere Weltreform. Dieser Prozess der inneren Erneuerung gilt für Giordano Bruno dann vollendet, wenn alle inneren Widersprüche überwunden und ausgeglichen sind und, in Anschluss an Aristoteles Theorie des mittleren Maßes, die „goldene Mitte" erreicht ist. Ähnlich wie Aristoteles schreibt auch Bruno: „Den Standpunkt der Tugend hat der inne, der sich in der Mitte hält

---

[106] Vgl. Bruno, *Das Unermessliche und Unzählbare. I. und II. Buch,* 1999, S.55.

und weder zum einen noch zum anderen Gegensatz abweicht."[107] Glückseligkeit und Weisheit werden bei Bruno nicht durch Ruhe, sondern durch ewig strebendes Bewegen im Sinne eines harmonisierenden Ausgleichs bestimmt.[108] Als tugendhaft, glücklich und frei gilt der, der kontinuierlich nach dieser Mitte strebt und versucht, sich an ihr zu halten.

In der Philosophie Brunos stellt die Freiheit die Krönung des Menschseins dar und äußert sich als Selbstbewusstsein und Selbstvertrauen. Indem der Mensch kontinuierlich darum bemüht ist, mit dem Göttlichen eins zu werden, wird er zugleich zum guten und glücklichen Menschen. Dieses unaufhörliche Bemühen charakterisiert Bruno als eine ewige Wechselwirkung der Gegensätze, wie z.B. Wille und Vernunft, deren Versuch sie in eine Harmonie zu bringen, ein Ziel darstellt, das der Mensch nie erreichen wird.

„(...) denn das letzte Ende darf kein Ende nehmen, da es dann das letzte sein würde. Es ist also unendlich in der Absicht, in der Vollkommenheit, in der Wesenheit und in jeder anderen Beziehung."[109] Die Harmonie und die persönliche Glückseligkeit sind nur in der um Ausgleich bemühten Bewegung durch die Gegensätze zu finden und nicht durch das Erreichen eines vollendeten Zustandes. Diese ständige Bewegung stellt bei Bruno den Spielraum des Menschen dar, der nicht determiniert ist. Der Mensch an sich aber, steht bei Bruno, als Glied des Universums unter der göttlichen Vorsehung und damit unter dem Gesetz der Notwendigkeit. Ernst Bruno Hartung beschreibt Bruno in dieser Hinsicht als Philosophen, der der Überzeugung ist, „Notwendigkeit und Unveränderlichkeit in Gott und sittliche Freiheit und Wahlvermögen im Menschen mit einander vereinigen zu können"[110].

---

[107] Bruno, *Eroici furori*. In: Kuhlenbeck, *Gesammelte Werke*, Bd. 5, 1907, S.47.

[108] Vgl. ebd., S.198.

[109] Ebd., S.63.

[110] Hartung, Ernst Bruno: *Grundlinien einer Ethik bei Giordano Bruno. Eine Abhandlung zur Erlangung der philosophischen Doktorwürde*. Druck von Hundertstund & Pries, Leipzig 1878, S.29.

2.4. Brunos Tugendlehre

Weicht Giordano Bruno als Anhänger der platonischen Richtung auch in zahlreichen Punkten von der aristotelischen Lehre ab, so gibt es jedoch, wie bereits der vorherige Abschnitt deutlich werden ließ, Gedankengänge, die beide gemeinsam vertreten. Wie Aristoteles geht auch Bruno von dem Grundsatz aus, dass jede wahre Tugend stets die Mitte zwischen Übertreibungen ist.

Das neue Weltbild, das Bruno kreierte, löste zwar den Menschen aus seiner bisherigen starren Grundstellung ab, gab ihm jedoch gleichzeitig eine Handlungsfreiheit, die ihn verpflichtete, selbst den Mittelpunkt zu wählen, zu bestimmen und in tätigem Mitschaffen in dem Werdeprozess des Weltalls seinen eigenen Standort zu manifestieren.

Durch seine Lehre eines unendlichen Universums mit unendlich vielen Welten, in dem der traditionelle Anthropozentrismus nicht mehr gilt, und durch seine Idee eines universellen Naturgesetzes, das im Universum und der Natur existiert, stellt sich für Giordano Bruno notwendigerweise auch die Frage nach neuen adäquaten Lebensformen der menschlichen Gesellschaft.

In dem Werk „Die Vertreibung der triumphierenden Bestie" stellt Bruno sein ethisches und religionsphilosophisches Grundkonzept in Form einer satirischen Allegorie dar. In diesem Dialog lässt Bruno das Götterparlament auf dem Olymp zusammentreffen und beschließen, den Himmel der mythologischen Sternbilder zu reformieren. Die Vertreibung der alten Sternbilder ist hier gleichzusetzen mit der Reinigung der menschlichen Seele von ihren Irrtümern, während die beteiligten Götter die einzelnen Vermögen der Seele darstellen. Die Reform des Himmels, bzw. die Vertreibung der triumphierenden Bestie, lässt Bruno so aussehen, dass nach einer umfassenden Kritik des menschlichen Charakters und einer Aufzählung zahlreicher Gründe, Zeus die Sternbilder mit Tugenden neu besetzt.[111] Jedes Sternbild, das eine Untugend mitsamt ihren verschiedenen Verzwei-

---

[111] Vgl. Bruno, *Die Vertreibung der triumphierenden Bestie*. In: Kuhlenbeck, *Gesammelte Werke*, Bd.2, 1904, S.54-71.

gungen menschlicher Lebensbetätigung repräsentiert, wird durch die entgegengesetzte Tugend und „ihre Begleiterinnen" ersetzt. Der Wahrheit als dem höchsten und ersten Prinzip wird das Sternbild des Kleinen Bären zugewiesen, um welchen als einzig unbeweglicher Pol das ganze Sternenfirmament seine tägliche Drehung vollendet.

Bruno zeichnet in diesem Werk eine umfassende Charakteristik des Menschentums mit all seinen Schwächen nach und strebt damit eine sittliche Reform an. Hier geht er, wie Aristoteles, von dem Grundsatz aus, dass jede wahre Tugend stets die Mitte zwischen Übertreibungen ist.[112] So werden auch Glückseligkeit und Weisheit bestimmt durch ein ewig strebendes Bewegen im Sinne eines harmonisierenden Ausgleichs nach der tugendhaften Mitte zwischen den Extremen.

2.5. Die magischen Schriften

Beschäftigt man sich mit den Werken Giordano Brunos, fällt auf, dass seine Werke immer wieder magische Elemente, wie z.B. magische Zahlenkunde oder Gedächtniskünste beinhalten. Von Brunos Interesse an Magie und Mnemotechnik zeugen vor allem die Schriften „*De magia*", „*Theses de magia*", „*De imaginum, signorum et idearum*", „*De magia mathematica*", „*Medicina Lulliana*", „*Sigillus Sigillorum*", „*Ars Memoriae*", „*De compendiosa Architectura et complemento Artis Lullii*", „*Lampas triginta statuarum*", „*De umbris idearum*", „*Cantus Circaes*" und „*Explicatio triginta sigillorum*". Die drei Abhandlungen „*De Magia*", „*Theses de Magia*" und „*De magia mathematica*", die Bruno Mitte März 1590 in Helmstedt begonnen hatte, veröffentlichte er zusammengefasst in einem Werk mit dem Titel „*De rerum principiis*". Dieses Interesse war eine Folge von seiner immer stärkeren Abkehr vom Christentum, so dass er sich auf die Suche nach Überresten des alten Heidentums begab. Ein wichtiger Einfluss war dabei wiederum Plato gewesen, den er in diesem Zusammenhang auch öfter zitiert. Plato vermittelte ihm die Vorstellung, dass es in der Antike eine vollkommene, wahre Naturphilosophie gegeben habe. Diese Naturphi-

---

[112] Vgl. Bruno, *Eroici furori*. In: Kuhlenbeck, *Gesammelte Werke,* Bd.5, 1907, S.47.

losophie habe Theologie, Schöpfungslehre und Kosmologie umfasst. Träger dieser Naturphilosophie sei das heidnische Priestertum gewesen, welches die Philosophie wie ein magisches Geheimnis hütete und dem einfachen Volk diese Philosophie als Religion vermittelte. Diese Religion sei vor allem bei den Ägyptern, den Chaldäern und den Babyloniern beheimatet gewesen.[113] Mit Hilfe dieser besonderen Philosophie der magischen Naturbetrachtung versuchte Bruno nun eine Verbindung zwischen einer magischen Vorstellungskraft und der Natur herzustellen. Die von ihm umgestaltete Gedächtniskunst benutzte er dazu als Hilfsmittel. Der naturreligiöse Gedanke, dass der Mensch nur in sein Inneres hinein zu leuchten braucht, um dort die Gottheit zu finden, kam der Vorstellung Brunos von einer Religion des Geistes sehr nahe. Mit der Mnemotechnik, d.h. mit der Einprägung von Begriffen und Gedanken mittels Bildkombinationen, beschrieb Bruno gleichsam eine bestimmte Denkmethodologie, in der er Assoziationen, bildhaftes Denken und Phantasie in einen funktionellen Zusammenhang mit dem diskursiven Denken stellte. In diesem Zusammenhang beschäftigte sich Bruno ausführlich mit den Schriften Raymundus Lullus, über dessen Hauptwerk *„Ars magna"* er später auch mehrere Kommentare schrieb. Für Lullus interessierte sich Bruno hauptsächlich als Mnemoniker. Den lullistischen Gedanken durch Kombination einer bestimmten Zahl von Ideen zu einem komplexen Lehrgebäude zu kommen, nutzte Bruno für seine mnemonischen Werke. So folgte Bruno einem schematischen Konstruktivismus, in dem er alle theoretisch und konstruktionsmäßig möglichen Fälle von Wort- und Begriffskombinationen errechnete. Subjekte und Prädikate stattete er mit Buchstaben, Zahlen oder anderen Merkmalen aus. Durch deren Kombination konstruierte er neue Begriffe und Schlussfolgerungen. Für die graphische Darstellung der Begriffe oder ganzer Aussagen bediente sich Bruno drehbarer Kreise, synoptischer Tabellen, Symbole aller Art und auch geometrischer Figuren.[114]

---

[113] Vgl. Bruno, *Das Aschermittwochsmahl.* In: Kuhlenbeck, *Gesammelte Werke,* Bd.1, 1904, S.58f.

[114] Vgl. Bruno, Giordano: *Über die Monas, die Zahl und die Figur.* In: Samsonow, *Giordano Bruno,* 1999, S.336-378.

In einem seiner mnemotechnischen Hauptwerk, „Von den Schatten der Ideen", stellt Bruno ein merkwürdiges Hilfsmittel, nämlich eine Apparatur aus fünf ineinander liegenden, gegeneinander beweglichen Kreisen vor, die jeweils 150 Buchstabenpaare enthalten. Durch das Drehen der Räder gegeneinander erhält man Silbenkombinationen, die im Prinzip Wörter aus beliebigen Sprachen wiedergeben können. Das System dient dazu, sich diese Wörter zu merken, was dadurch geschieht, dass jedem Buchstabenpaar auf jedem Kreis oder Rad ein bestimmtes Bild zugeordnet ist, so dass insgesamt 750 Bilder zu unabsehbar vielen Gesamtbildern koordiniert werden können, die dann das betreffende Wort repräsentieren. Die Bilder, in denen man Wörter und Begriffe anschaut, sind dabei zunächst Allegorien. Für Bruno stellen sie „Schatten der Ideen" dar, d.h. letztendlich immer ein Abbild des einen unendlichen Seinsgedanken, der die Welt im Innersten zusammenhält. Ziel dieser Methode ist, so schreibt Julius Reiner, „den Denkprozess als ein Bild der Welt"[115] anzusehen. Aus diesem Zusammenhang wird auch verständlich, warum Bruno ein rein abstrakt verstehendes mathematisches Denken entschieden ablehnte, da es für ihn keine mathematischen Symbolismen ohne Realbezüge geben konnte. So kritisierte er auch Kopernikus, dass dieser sich letzten Endes doch mehr mit Mathematik als mit Natur befasst habe.[116]

In Bezug auf die antike Naturphilosophie griff Bruno auch auf das Judentum zurück. So hielt er Moses für einen bedeutenden Magier, der die magische Weisheit der Ägypter und Babylonier in vollem Umfang beherrscht habe.[117] Er sah daher auch den Pentateuch als eine Beschreibung der Wahrheit an. Alles, was sich an die Thora anschloss, hielt Giordano Bruno für einen Abglanz der alten mosaisch-magischen Weisheit. Bruno zitierte daher auch des Öfteren das christliche Alte Testament in seinen Werken.[118]

---

[115] Reiner, Julius: *Giordano Bruno und seine Weltanschauung.* Verlag von Hermann Seemann Nachfolger, Berlin und Leipzig 1887, S.23.

[116] Vgl. Bruno, *Das Aschermittwochsmahl.* In: Kuhlenbeck, *Gesammelte Werke,* Bd.1, 1904, S.50.

[117] Vgl. Bruno, Giordano: *Über Magie.* In: Samsonow, *Giordano Bruno,* 1999, S.132.

[118] Vgl. z.B. Bruno, *Das Aschermittwochsmahl.* In: Kuhlenbeck, *Gesammelte Werke,* Bd.1, 1904, S.112.

Auch die Talmudistik und die Kabbala erkannte Bruno als philosophisch-magische Wissenschaften an, welche für ihn auf geheime Lehren des Moses zurückgingen.

Zeit seines Lebens hat sich Bruno bemüht, die intellektuellen Möglichkeiten seiner Philosophie auch mit der Suche nach neuen Methoden, wie z.B. durch die Untersuchung magischer Quellen, zu steigern. Bruno weist jedoch ausdrücklich darauf hin, dass von den Philosophen unter einem Magier ein Mensch zu verstehen ist, der einzig und allein die Fähigkeit besitzt, weisheitsvoll zu handeln. Das Thema all seiner magischen Schriften bezieht sich daher auf die Möglichkeiten, solche weisen Handlungen zu vollbringen, und die Art und Weise, in welcher dieser Tätigkeit Ausdruck verliehen wird. Bruno behandelt daher auch primär die Themen Seele und Geist und ihren Zusammenhang mit Welt und Weltseele als irgendwelche zauberhaften Wundertaten. Für den modernen Menschen des heutigen Jahrhunderts geben jedoch viele dieser Einzelgedanken Giordano Brunos wenig Sinn. Seine magischen Theorien, von welcher Seite man sie auch betrachtet, rücken ihn manchmal allzu weit von einer disziplinierten Beherrschung logischen Denkens ab. Dies gab späteren Philosophiehistorikern reichlich Anlass dafür, Giordano Bruno unter der Kategorie „Magier, Alchemist und Naturschwärmer" zu verbuchen. All seine Versuche, denen hier nicht ausführlich Beachtung geschenkt werden kann, kreisen aber immer wieder um ein zentrales Bemühen die Grundlagen seiner Naturphilosophie auf unterschiedlichste Weise zu stützen. Sehr treffend beschreibt es Werner Saenger mit den Worten: „In Bruno ringen die alten und neuen Elemente, ringen Mittelalter und Neuzeit, ringt reinste Erkenntnis mit finster Mystik."[119] Und trotzdem ist Giordano Bruno, wie auch Heinrich von Stein schreibt, ein sehr lebensvoller Denker, der sich hauptsächlich von wirklichen Wahrnehmungen leiten lässt.[120]

---

[119] Saenger, Werner: *Goethe und Giordano Bruno. Ein Beitrag zur Geschichte der Goethischen Weltanschauung.* Verlag von Emil Ebering, Berlin 1930, S.18.

[120] Stein, Heinrich von: *Giordano Bruno. Gedanken über seine Lehre und sein Leben.* Georg Müller Verlag, München und Leipzig 1912, S.14.

2.6. Zusammenfassung:
Das philosophische System Giordano Brunos

Die in diesem Kapitel vorgestellten philosophischen Ansätze Giordano Brunos führen zu einer Vielzahl von Aussagen, die eine Ordnung seiner Lehre fast unmöglich erscheinen lassen. Giordano Bruno lässt sich z.b. als Metaphysiker, Dichterphilosoph, Magier, Pantheist oder auch Neuplatoniker interpretieren, so dass Kontroversen hinsichtlich seiner divergierenden philosophischen Ansätze zwischen Philosophen, Theologen, Philologen und Historikern unvermeidlich sind. Betrachtet man Brunos Philosophie jedoch als Ganzes, ohne zu versuchen, diese in einen bestimmten Verständnisrahmen einzuordnen, lässt sich durchaus eine Struktur feststellen, innerhalb der Brunos Ansätze zu einem einheitlich geordneten Ganzen verknüpft sind. Welche Ordnung die Denkansätze bei Giordano Bruno haben, werde ich in diesem Abschnitt kurz schildern, nachdem in einem kurzen Abriß noch einmal die wesentlichen Punkte seiner Lehre zusammengefasst werden.

Die Dreiheit von einer ursprünglichen Einheit, einer daraus emanierenden Vielheit und eine diese Vielheit integrierenden harmonischen Einheit bilden den Rahmen der Philosophie Brunos. Unter diesem Aspekt der Einheit und Vielheit lassen sich sämtliche Gedankengänge Brunos in einen Gesamtzusammenhang bringen und darstellen. Die Weltseele, als das kontinuierliche Prinzip, stellt als Verbindungseinheit den Zusammenhang her zwischen Einheit und Vielheit, Gott und Natur, und zwischen allen Naturdingen untereinander. Auf Grund der einheitlichen Substanz der Weltseele bestehen überall in der Welt der Vielheit Ähnlichkeiten und unzählige Analogien. Alle Gegensätze werden nach Bruno zu einer großen Bewegung vereint, so dass sich ein aus Gegensätzen harmonisch zusammengesetztes Ganzes ergibt. Diese Gegensätze sind laut Bruno in ständiger Bewegung, immer danach bestrebt, den Antagonismus in eine harmonische Ordnung aufzulösen. So wie der Heros ständig um die Mitte, die Tugend bemüht ist und danach strebt, sich mit der letzten Einheit zu vereinigen.

Die Systematik der Philosophie Giordano Brunos zeichnet sich dadurch aus, dass alle, wenn auch unterschiedlichen Denkansätze, gleichgerichtet sind und auf den Gesamtzusammenhang zielen. Die unterschiedlichen philosophischen Themenbereiche existieren nicht zusammenhangslos nebeneinander, sondern lassen sich unter dem Aspekt der Einheit und Vielheit als ganzheitlichen Denken präsentieren. „Sein ganzes Denken präsentiert sich als ein vielfach verzweigter Gang zu einer Einheit, in der die Vielheit überwunden ist."[121]

Sicherlich darf nicht außer Betracht gelassen werden, dass jedes Denken nur innerhalb seiner historischen Konditionen beurteilt werden darf. Jedem Menschen, jeder Zivilisation, jeder Zeit sind Grenzen der Erkenntnis, der Wahrnehmung, der Ideen und Gefühle gesetzt. In diesem Sinne hat auch das philosophische System Giordano Brunos auf die Geschichte des Denkens gewirkt, da in seiner Philosophie durchaus Vorbedingungen der Moderne zu verorten sind. Welche diese sind, wie sie auf die Folgezeit wirkten und vor allem, wie es dazu kam, soll in den folgenden Kapiteln analysiert werden.

---

[121] Hentschel, *Die Philosophie Giordano Brunos – Chaos oder Kosmos?*, 1988, S.114.

3. GIORDANO BRUNO UND DIE KIRCHE

Die Darstellung der Lebensstationen des Giordano Bruno zeigte, dass Bruno immer wieder in Konflikt mit den traditionellen Lehren von Kirchen und Konfessionen geriet. Bruno zweifelte ihren dogmatischen Inhalt an und durch seine neue Lehre fühlten sie sich in ihrem Bestand angegriffen. Es erhebt sich die Frage, warum die katholische Kirche sich mit solcher Macht gegen die neuen Erkenntnisse wehrte, und auch warum der Protestantismus, als prägnantestes Beispiel gegen den mittelalterlich-katholischen Dogmatismus, Giordano Bruno und seine Lehre nicht mit in seine Reform der Kirche und des menschlichen Selbstverständnisses einbezog. Diese Fragen sollen in diesem Kapitel beantwortet werden.

3.1. Brunos frühe Zweifel

Giordano Bruno war ein aufrechter katholischer Christ, als er am 15. Juni 1565 in den Orden der Dominikaner eintrat. Eiserne Konsequenz zeichnete schon früh seine Persönlichkeit aus. So versuchte er, genau das in die Praxis umzusetzen, was er in seinen Studien gelernt hatte, und was er für wahr und richtig hielt. Alfred Läpple schreibt dazu:

„Giordano Bruno trug zwar äußerlich die weißschwarze Kutte eines Dominikanermönchs. Unter dem Ordenshabit pochte aber bereits während seines Noviziats und noch mehr während seines philosophisch-theologischen Studiums und trotz der Priesterweihe mit dem ausdrücklichen Versprechen der Treue und des Gehorsams gegenüber der Kirche und ihren Glaubenswahrheiten immer lauter und aufreizender der Pulsschlag eines revoltierenden, nach neuen Ufern ausschauenden Denkens."[122]

Bereits im ersten Jahr seines Noviziats hatte er sich mehrfach über ordensinterne und kirchliche Verbote hinweggesetzt, so dass es 1566 zum ersten Inquisitionsprozess gegen ihn gekommen war. Es dauerte knappe

---

[122] Läpple, Alfred: *Ketzer und Mystiker – Extremisten des Glaubens. Versuch einer Deutung.* Delphin Verlag, München, 1988, S.194.

vier Jahre nach der Priesterweihe, als Giordano Bruno wegen skeptischer Infragestellungen und häretischen Äußerungen erneut ein Prozess vor der Inquisition drohte, dem er sich im Februar 1576 durch Flucht entziehen konnte.

3.1.1. Der Inhalt der Zweifel

3.1.1.1. Trinität:

Im Alter von etwa 18 Jahren regten sich bei Giordano Bruno erstmals Zweifel am Christentum, wie er später in einem Verhör vor der Inquisition angab.[123] Seine frühen Zweifel beinhalteten die Lehre von der Personalität des Gottes Vater, des Sohnes und des Hl. Geistes. Mit seinen Zweifeln an der Trinität Gottes rüttelte er an den Grundfesten der katholischen Theologie. Die Lehre von der Dreieinigkeit war ein der Kirche eigentümliches Dogma, welches in der mit dem System des Plato und des Neuplatonismus vorkommenden Trinität Ähnlichkeit, aber doch nur eine entfernte, dafür aber eine Besonderheit hatte, welche in jener nicht vorkam. Hier galt es, eine Substanz als drei Personen und drei Personen als eine Substanz zu denken, ohne dass die Einheit die Mehrheit noch die Mehrheit die Einheit und Einzigkeit aufhebt. Nach kirchlicher Lehre war Gott ein Wesen, das sich auf drei verschiedene Weisen der Welt mitteilt. Auf eine Weise gibt Gott der Welt ihr Sein und ihr Leben (Gott Vater), auf eine zweite den Menschen ihre Vernunft (Gott Sohn) und auf eine dritte Weise den Christen die Erlösung, die Liebe und den Glauben (Heiliger Geist). Diese Dreifaltigkeit in Gott ist möglich, da Gott als reines Denken verstanden wird. Die Dreiheit in Gott ergibt sich aus Gott als dem Denkenden, Gott als das Gedachte und Gott als der Denkvollzug, der das Denkende und das Gedachte miteinander verbindet. Damit erklärt sich die Dreiheit in Gott, die trotzdem unterscheidbar, aber auch ein einziges Wesen ist.

Nach Augustin zeichnet sich die Trinität in der Natur des Menschen und in den anderen Dingen ab, so dass der Mensch durch diese offenbarte

---

[123] Vgl. Bruno, *Inquisitionsakten*. In: Kuhlenbeck, *Gesammelte Werke*, Bd.6, 1909, S.177.

Wahrheit zur Erkenntnis derselben gelangen kann. In seinem Werk „Über den dreieinigen Gott" erläutert Augustin ausführlich unter dem Kapitel „Das Abbild des Dreieinigen Gottes im menschlichen Geiste und zwar in der Dreiheit von Geist, Selbsterkenntnis und Selbstliebe" seine Ansichten.[124] Er behauptet, dass jedes Ding in sich dreierlei enthält, nämlich etwas, woraus es besteht, etwas, wodurch es von anderen unterschieden ist und etwas, wodurch es mit anderen übereinstimmt. Augustin folgert daraus, dass daher auch die Ursache jedes Dinges als dreifach gedacht werden muss, nämlich als Grund dessen, wodurch es ist, wodurch es unterschieden ist und wodurch es mit sich und mit anderen übereinstimmt. Da Gott als Ursache aller Dinge gilt, muss deshalb Gott auch als dreifach gedacht werden. Die Unterteilung des menschlichen Geistes in Gedächtnis, Verstand und Wille, die alle drei verschieden und doch in Einheit verbunden sind, betrachtet Augustin als Beispiel und Beweis seiner Lehre der Dreieinheit.[125]

Giordano Bruno hatte Zweifel an der Richtigkeit dieser Lehre. Seine Zweifel waren historisch begründet, da er weder im Neuen Testament noch bei den Kirchenvätern, soweit er diese kannte, Hinweise auf diese Lehre finden konnte.[126] In seiner eisernen Konsequenz zog Bruno daraus die Schlussfolgerung, dass die Personalität von Gott Vater, Gott Sohn und Hl. Geist aufgehoben werden muss. Die Dreifaltigkeit Gottes erschien ihm nur logisch, wenn man die Einheit des Wesens Gottes aufgab. Stattdessen nahm Giordano Bruno die Existenz dreier selbstständiger, hierarchisch geordneter Wesen in einem Gott an. Daraus folgerte er aber, dass das dritte Wesen unvollkommener als das zweite Wesen, und das zweite Wesen unvollkommener als das erste Wesen sein müsse, da nur das erste Wesen in Gott vollkommen sein könne. Da die vollkommene Erlösung nur aus der Vollkommenheit Gottes kommen kann, müsse sie aus dem ersten Wesen

---

[124] Vgl. Augustinus, Aurelius: *Über den dreieinigen Gott.* Herausgegeben und übersetzt von Michael Schmaus, Köfel-Verlag, München 1951, S.131-147.

[125] Vgl. Augustinus, Aurelius: *Über den dreieinigen Gott.* Herausgegeben und übersetzt von Michael Schmaus, Köfel-Verlag, München 1951, S.163.

[126] Vgl. Bruno, *Inquisitionsakten.* In: Kuhlenbeck, *Gesammelte Werke,* Bd.6., 1909, S.180.

Gottes kommen, da eine Erlösung aus dem zweiten Wesen in Gott nicht ganz vollkommen wäre, da das zweite Wesen selbst in Gott nicht ganz vollkommen sei.[127] Dies führte Bruno in Konflikt mit dem Neuen Testament, wo im Johannesevangelium geschrieben steht, dass Gott Sohn, d.h. das zweite Wesen in Gott, die Erlösung gebracht hat.[128] Bruno zog die harte Konsequenz und folgerte, dass die Erlösung durch das zweite Wesen in Gott, dem Gott Sohn, so nicht stattfinden haben könne und deshalb auch so niemals stattgefunden hätte. Daraus musste sich für Giordano Bruno zwingend der Zweifel an der Möglichkeit einer Erlösung durch Jesus Christus ergeben. Bruno hielt bis zum Ende seines Lebens an dieser Lehre fest, was seine Aussagen vor der venezianischen Inquisition aus dem Jahre 1592 bestätigen:

„Was sodann den Glauben betrifft, um nicht philosophisch zu reden, an die göttlichen Personen, an den heiligen Geist und jenen Sohn, den die Theologen das Wort nennen, von dem wir glauben müssen, dass er einmal Fleisch geworden ist unter uns, so gebe ich zu, dies in philosophischen Begriffen nicht erfasst, sondern bezweifelt zu haben oder mit schwankendem Glauben betrachtet zu haben."[129]

3.1.1.2. Die Zahlenidee des Einen und der Drei:

Seine Ansichten über die Dreifaltigkeit Gottes verband Bruno mit seinen Vorstellungen über Mathematik und Geometrie, so dass seine Zweifel sich immer mehr verdichteten und für ihn sehr bald zur Gewissheit wurden. Sein Ausgangspunkt war wiederum ein durchaus christlicher, nämlich dass Gott der Ursprung von allem ist und über allem steht. In Zusammenhang mit seiner Unendlichkeitslehre beschreibt er Gott als unendlichen „Allumfasser eines grenzenlosen Seins"[130]. Damit steht Gott über der Zeit, über dem Sein, über allem, was gut sein könnte und auch über den platonischen Ideen. An diesem Punkt greift Bruno die Lehre des Neuplatonismus auf.

---

[127] Vgl. ebd., S.181.

[128] Vgl. Joh. 14,6.

[129] Bruno, *Inquisitionsakten*. In: Kuhlenbeck, *Gesammelte Werke*, Bd.6, 1909, S.175.

[130] Bruno, *Zwiegespräche vom unendlichen All und den Welten*. In: Kuhlenbeck, *Gesammelte Werke*, Bd.3, 1904, S.40.

Nach Platon kann nämlich alles, was eine Einheit bildet nur deshalb eine Einheit bilden, weil es an der Idee des Einen teilhat.[131] Dies ist für Bruno unvereinbar mit der kirchlichen Lehre der Dreifaltigkeit, denn Gott könne nicht zugleich als einer und dreifaltig an der Idee des Einen und der Drei teilhaben. Hätte Gott an der Idee des Einen teil, so würde er sich seiner eigenen Schöpfung unterwerfen. Für Giordano Bruno ist deshalb klar, dass die Idee des Einen und die Idee der Drei Gott selber sein müsse. Für die Idee der Zahlen bedeutet dies, dass auch die Zahl zwei in Gott selber, d.h. in Gott Sohn, als dem Zweiten in Gott, zu finden sein muss. Bruno nahm daher auch an, dass es letztendlich nur drei Zahlenideen geben könne: die Zahl eins, zwei und drei. Alle anderen Zahlen entstünden aus der Kombination dieser drei Zahlenideen. Indem man Dinge figuriert, so glaubte Bruno, gelange der Mensch zur Erkenntnis über die drei grundlegenden Zahlenideen, die in unterschiedlicher Kombination auftreten.[132] Hier argumentiert er ähnlich wie Augustin und folgert, dass die sinnlich wahrnehmbare Welt dem Menschen nicht nur Kenntnis über die drei Zahlenideen, sondern auch über deren Eigenschaften liefere. Da diese Zahlenideen mit den drei Wesen in Gott identisch seien, gelange man so zugleich zur Erkenntnis über die Eigenschaften der drei Wesen in Gott. Bruno führt seine Vorstellung weiter aus: Über die sinnlich wahrnehmbare Welt gibt die erste Zahlenidee jedem Ding nicht nur seine Einheit, sondern auch sein Sein. Die dritte Zahlenidee ermöglicht, dass zwei Dinge eine Einheit bilden. So muss zum Beispiel zwischen das sinnlich Wahrnehmbare und den Sinnesorganen ein Drittes treten, das die Sinneswahrnehmung ermöglicht. Bruno nennt das Zusammenfügen durch ein Drittes im übertragenen Sinne „Liebe". Damit hält er an der kirchlichen Lehre der Trinität fest, die das Attribut der Liebe dem Dritten in Gott, also dem Hl. Geist, zuschreibt. Den größten Unterschied zur kirchlichen Lehre macht jedoch Brunos Vorstellung von der zweiten Zahlenidee aus. Diese zweite Zahlenidee schafft das Andere, das Unterscheidbare und die Pluralität. Die Kirche war derselben Überzeugung, doch

---

[131] Vgl. Oelmüller, Willi/ Oelmüller-Dölle, Ruth: *Grundkurs Religionsphilosophie.* Wilhelm Fink Verlag, München 1982, S.29.

[132] Vgl. Bruno, *Über die Monas, die Zahl und die Figur.* In: Samsonow, *Giordano Bruno,* 1999, S.336.

schloss daraus nicht zwanghaft, dass dieses Anders-als-Göttliches böse sein müsse. Giordano Bruno war anderer Meinung. Durch das Auftreten der zweiten Zahlenidee entstehe Unterscheidbarkeit und Differenz, ein Auseinanderfallen in zwei Teile. Daher sah er in der zweiten Zahlenidee den Ursprung alles Bösen: „Sobald die Zweiheit zu einem Ersten, zu einem Besseren und Guten hinzugetreten war, ergossen sich Gutes und Böses aus dem ersten Ursprung."[133] Für Bruno war es daher Unsinn von dem Zweiten in Gott, also von Jesus Christus, die Erlösung erhoffen zu wollen. So machte er auch vor der Person Jesu keinen Halt und spottete über ihn. In seinem Werk „Die Vertreibung der triumphierenden Bestie" bezeichnet er die Wunder Jesu mit bitterster Ironie als „Kunststücke". Dass die Kirche seine Werke als Angriff auf das Christentum verstand, soll der folgende Auszug verdeutlichen, in dem Momus bei der Beratung über Orion in „Die Vertreibung der triumphierenden Bestie" folgendes sagt:

„Lasst mich, o Götter, einen Vorschlag machen! (...) Dieser versteht es ja, allerlei Wunderwerke zu verrichten, und wie Neptun weiß, kann er über die Wogen des Meeres hinwandeln, ohne einzusinken, ja, ohne sich die Füße zu benetzen, und folglich wird er auch noch viele andere Kunststücke machen können; - nun, so lasst uns ihn unter die Menschen senden (...), indem er sie glauben lassen kann, dass weiß schwarz ist, dass der menschliche Verstand, gerade wo er am klarsten zu sehen glaubt, nur Blindheit (...) ist (...)."[134]

Auch wenn Bruno Jesus nie namentlich nennt, ist eindeutig klar, wen er mit seinen Umschreibungen meint. Die Kirche konnte ihm diese eindeutigen Angriffe auf das Christentum nicht verzeihen. Seine Allegorien und Schlussfolgerungen waren nicht nur gewagt; sie führten Bruno auf den Scheiterhaufen.

---

[133] Ebd., S.30.
[134] Bruno, *Die Vertreibung der triumphierenden Bestie*. In: Kuhlenbeck, *Gesammelte Werke*, Bd.2, 1904, S.242.

3.2. Die Abkehr vom Christentum

Die Zweifel, die bei Giordano Bruno in Bezug auf die kirchliche Lehre aufkamen, häuften sich, so dass er sich immer mehr vom Christentum abwandte. Obwohl Bruno nicht nur einmal bezichtigt worden war, Jesus Christus als Betrüger bezeichnet zu haben[135], lässt sich, wie bereits erwähnt, in keinem seiner Werke ein direkter Hinweis darauf finden. Auch vor der Inquisition stritt Bruno ab, die Person Jesus Christus und die Lehre der Kirche zu dieser, jemals angezweifelt zu haben: „Ich habe stets dasselbe angenommen, was die heilige katholische Mutterkirche darüber annimmt."[136] Dies schließt jedoch nicht aus, dass er sich privat negativ dazu geäußert hat. Seine Abkehr vom Christentum lässt sich deutlich an seinem Verhältnis zum Neuen Testament ablesen, das er in seinen späteren Werken öfter polemisch, aber nur selten als Autorität zitiert.

Die Bibel erkannte er als Lehrbuch des sittlichen Lebenswandels an. So schreibt er in dieser Überzeugung: „Aber jedermann kann klar und deutlich erkennen, dass die heiligen Schriften nicht Beweise und Spekulationen über naturwissenschaftliche Dinge bringen wollen, als handle es sich um Philosophie; sie wenden sich nicht an unseren Verstand, sondern an unser Gemüt und unser Gewissen; durch Gebote regeln sie die praktische Sittlichkeit."[137] Bruno trennt Offenbarungswahrheiten, d.h. die Worte Gottes erleuchteter Männer, und philosophisch-naturwissenschaftliche Untersuchungen, die er der Philosophie vorbehält, strikt, aber ohne dabei die Existenz eines Gottes außerhalb der infiniten Welt und der unendlich vielen Dinge bestreiten zu wollen: „Wo also jene Gottesmänner von natürlichen Dingen nach landläufigen Begriffen reden, können sie nicht als Autoritäten für die Naturwissenschaft dienen."[138] Die Anwendung des Glaubens auf naturwissenschaftliche Forschung fällt unter seinen beißenden Spott und

---

[135] Vgl. Mocenigo, *Inquisitionsakten*. In: Kuhlenbeck, *Gesammelte Werke*, Bd.6, 1909, S.146.
[136] Bruno, *Inquisitionsakten*. In: Kuhlenbeck, *Gesammelte Werke*, Bd.6, 1909, S.181.
[137] Bruno, *Das Aschermittwochsmahl*. In: Kuhlenbeck, *Gesammelte Werke*, Bd.1, 1904, S.110.
[138] Ebd., S.112.

seine ironische Kritik. Brunos Kritik und Angriffe, die v.a. die christlichen Religionen treffen, richten sich in erster Linie gegen deren Absolutheitsanspruch und den daraus resultierenden Zwistigkeiten. Lediglich die Offenbarung des Johannes, die er mehrmals in seinen Werken zitiert, akzeptierte er kommentarlos. Dem Apostel Paulus dagegen verweigerte Bruno offen die Anerkennung als Autorität. Seiner Überzeugung nach war Paulus ein Betrüger. Auch vor den Heiligen, den Reliquien und ihrer Verehrung machte Bruno keinen Halt. Bereits in seinem ersten Jahr als Mönch hatte er deshalb seinen ersten Prozess vor der Inquisition am Hals, weil er sämtliche Heiligenbilder aus seiner Mönchszelle entfernt hatte. Seine spottenden Bemerkungen über Heiligen- und Reliquienverehrung, die sich eindeutig gegen die katholische Kirche richteten, baute er später mit Vorliebe in seine Werke ein. Die Heiligen, die Bruno dabei jedoch namentlich verspottete, entsprangen seiner Phantasie, so dass er nie wirklich einen verehrten Heiligen der katholischen Kirche mit Spott bedacht hatte. Positiv äußerte sich Bruno nur über Heilige, die in Zusammenhang mit seiner Heimat und seiner Biographie standen.

Wie die Fleischwerdung Gottes in Jesus Christus, so war Bruno auch der Heilige Geist in christlicher Auslegung fremd.[139] Bruno fasst ihn als Weltseele auf, aus der jedem beseelten und belebten Wesen die Seele und das Leben zufließen. Seine Gedanken über die Weltseele entwickelt Bruno am eindringlichsten in dem Buch „Über die Ursache, das Prinzip und das Eine".

Seine Abkehr vom Christentum machte sich weiterhin daran deutlich, dass er das Altarsakrament in Frage stellte. Dies machte für Bruno keinen Sinn mehr, da seiner Meinung nach aus dem zweiten Wesen in Gott nicht die vollkommene Erlösung kommen konnte. So entwickelte Giordano Bruno seine eigene Religionsphilosophie.

---

[139] Vgl. Bruno, *Die Vertreibung der triumphierenden Bestie*. In: Kuhlenbeck, *Gesammelte Werke,* Bd.2, 1904, S.47.

3.3. Brunos Religionsphilosophie

Während Giordano Brunos Vorgänger, wie z.B. Nikolaus von Kues, sich noch mit der Vereinigung des Christentums und den Fremdreligionen beschäftigen, steht Bruno stattdessen knapp ein Jahrhundert später vor einer gespaltenen christlichen Kirche, die von ihm in ihrem Absolutheitsanspruch nicht mehr bestätigt, sondern angegriffen wird. Bruno ist daher nicht mehr in einer Linie mit seinen Vorgängern zu sehen, sondern als Anfang eines neuen Weges. Als Zugang zu seiner Religionsphilosophie dienen von seinen zahlreichen Werken vor allem die zwei Schriften *„Spaccio de la bestia trionfante"* (1584) und *„Cabala del Cavallo Pegaseo con l'aggiunta de l'asino Cillenico"* (zu Deutsch: „Die Kabbala des Pegasus mit der Zugabe des kyllenischen Esels"; 1584).

In der ersten Schrift *„Spaccio de la bestia trionfante"* äußert der Göttervater Zeus, wie bereits erwähnt, seine Reue darüber, dass er den Himmel mit unzähligen hässlichen Tieren, die Allegorien der Laster darstellen, bevölkert hat. Diese in den Himmel eingeschriebene Tugendvergessenheit gilt es nun, so die Absicht des Göttervaters, durch die Jagd auf die triumphierende Bestie ein für allemal zu reformieren und den Leitbildern wahrhafter Sittlichkeit Raum am gestirnten Himmel zu geben. So lässt Bruno Zeus sprechen:

„Auf! auf! Ihr Götter! lasst uns diese Larven, Statuen, Figuren, Abbilder und Geschichten unserer Habsucht, Lüsternheit, unserer Diebstähle und sonstiger Verächtlichkeiten und Schändlichkeiten vom Himmel entfernen!"[140]

Es wird eine Götterversammlung einberufen, bei der Zeus` Beschluss diskutiert wird. Die Anklage wird geführt von Momus, der das Gewissen der Menschen darstellt. Es werden alle bekannten Religionen behandelt und daraufhin geprüft, ob sie dem Anspruch einer Vernunftreligion entsprechen. In den Dialogen gibt Bruno Antworten auf Fragen aus Religionsgeschichte, Metaphysik und Ethik und stellt seine Religionsphilosophie

---

[140] Bruno, *Die Vertreibung der triumphierenden Bestie.* In: Kuhlenbeck, *Gesammelte Werke,* Bd.6, 1904, S.68.

vor, indem er Christentum, philosophische Schulen, Heidentum, Hellenismus und Naturreligionen beurteilt, vergleicht und kritisiert.

In der Schrift „*Cabala del Cavallo Pegaseo con l'aggiunta de l'asino Cillenico*" lässt Bruno sich ironisch über das traditionelle Christentum aus. Falls irgendeine Schrift Brunos als Beweismaterial der Ketzerei angeführt werden kann, dann definitiv dieses Werk. Merkwürdigerweise spielte gerade die „Kabbala des Pegasus" im Prozess gegen Bruno anscheinend keine Rolle. Später diente sie jedoch etlichen Theologen dazu, Giordano Brunos Urteile im Nachhinein als ketzerisch zu beweisen. Er verherrlicht darin die Glückseligkeit des Eseltums, das er mit Glaubenseinfalt und gedankenloser Frömmigkeit gleichsetzt:

„So können denn unsere göttlichen Esel, jedes eigenen Denkens und Fühlens beraubt, nichts weiter, als sich die Offenbarungen der Götter oder ihrer Stellvertreter in die Ohren blasen lassen und können sich nach keinen anderen Gesetzen richten als nach denen, die diese ihnen geben. Drum wenden sie sich weder nach rechts, noch nach links, falls ihnen nicht mit dem Halfter und Zaum, den sie um den Hals und im Maule führen, die Richtung gegeben wird, und schreiten nicht vorwärts, wenn sie nicht angetrieben werden."[141]

Die Glaubenseinfalt, die Bruno hier anspricht und in seinem Werk immer wieder ironisch kritisiert, bezog er auch auf die Verstocktheit der katholischen Kirche gegenüber neuen Erkenntnissen sowie ihrer Verharrung auf dem aristotelisch-ptolemäischen Weltbild. Nach dieser Lehre ruht die Erde im Mittelpunkt des Weltalls und wird umkreist von Sonne, Mond und Sterne. Den Vorstellungen des Mittelalters zufolge befindet sich die Erde im Mittelpunkt einer riesigen kristallenen Kugel, die wiederum aus zehn zwiebelförmig ineinander geschachtelten Schalen besteht. Die äußerste Schale, an der die Fixsterne befestigt sind, bewegt sich einmal am Tag von Osten nach Westen und reißt alle übrigen Sphären mit sich. Sonne, Mond und die sieben Sterne bewegen sich entgegengesetzt in ihren Schalen. Jenseits der äußersten Sphäre liegt das ewige Lichtreich, sozusagen die „Wohnung" Gottes. Dieser äußeren Anordnung entspricht eine innere mit dem Aufstieg von den Mineralien bis zu den subsistenten Formen der Engel zu Gott. „Die

---

[141] Bruno, *Die Kabbala des Pegasus*. In: Kuhlenbeck, *Gesammelte Werke*, Bd.6, 1909, S.35.

alles umfassende Ordnung war der Ausdruck der auf den Menschen zentrierten Teleologie der Schöpfung. Kopernikus und radikal Bruno zerstörten sie und damit auch ihren metaphysischen Bezug."[142] Während Kopernikus allerdings die äußerste Sphäre mit den Fixsternen noch als das Universum abschließend bestehen ließ, ging Giordano Bruno noch einen Schritt weiter, indem er erklärte, dass das Universum unbegrenzt, unendlich und ein unbewegliches Kontinuum sei, in welchem der Zahl nach unendlich viele Sphären bestehen. Insofern war die Lehre des Kopernikus, der an der Endlichkeit des Weltgebäudes festhielt, mit der traditionellen Kirchenlehre durchaus vereinbar. Auf Grund dessen fällt Bruno über ihn das Urteil, er sein ein größerer Mathematiker als Naturforscher und Philosoph gewesen.[143] Bruno ersetzte den abgeschlossenen Kosmos durch einen unermesslichen, bis ins Unendliche sich ausdehnenden Weltraum. Er rückte den Kosmos aus dem Mittelpunkt. Von den Gestirnen, so schreibt er, ist keines in der Mitte, denn das Universum ist nach allen Seiten gleich unermesslich.[144] Das Universum umfasst alles Sein völlig. Von den Dingen im Universum umfasst jedes alles Sein, jedoch zugleich auch nicht völlig, da außerhalb jedes einzelnen Dinges unzählige andere existieren. So trifft bei Bruno alles in vollkommener Einheit zusammen, alle Dinge sind im Universum und das Universum ist in allen Dingen. Alois Riehl fasst Brunos Gedanken treffend in dem Satz zusammen: „Nichts wird zu nichts, alles wird zu allem."[145] Daraus lässt sich folgern, dass Gott, als „der unendliche Allumfasser eines grenzenlosen Seins"[146] Alles in Allem und auch das All selbst ist. So schreibt Bruno: „Ich nenne das All als Ganzes unendlich, weil es ohne Rand ist, keine Schranke, keine Oberfläche hat; ich sage aber: das All ist nicht absolut und völlig unendlich, weil jeder Teil, den wir von ihm erfassen können, begrenzt und jede einzelne der unzähligen Welten,

---

[142] Grunewald: *Die Religionsphilosophie des Nikolaus Cusanus,* 1977, S.38.

[143] Vgl. Bruno, *Das Aschermittwochsmahl.* In: Kuhlenbeck, *Gesammelte Werke,* Bd.1, 1904, S.50.

[144] Vgl. ebd., S.98.

[145] Riehl, *Giordano Bruno,* 1900, S.24.

[146] Bruno, *Zwiegespräche vom unendlichen All und den Welten.* In: Kuhlenbeck, *Gesammelte Werke,* Bd.3, 1904, S.40.

die es in sich begreift, begrenzt ist. Ich nenne Gott in seiner Ganzheit unendlich, weil er jegliche Grenze von sich ausschließt und jedes seiner Attribute einzig und unendlich ist, und ich nenne Gott absolut und völlig unendlich, weil er überall ganz ist in der ganzen Welt und in jedem ihrer Teile unendlich und völlig allgegenwärtig ist, - im Gegensatz zur Unendlichkeit des Weltalls, welches letztere vollkommen nur im ganzen ist und nicht in jedem seiner Teile, wenn überall mit Bezug auf das Unendliche das ein Teil genannt werden darf, was wir von ihm erfassen können."[147]

Bruno sieht ihn als Umfassenden im Sinne der vollkommenen Gesamtheit und des völligen Seins in allem anderen. Die Welt zerfällt bei Bruno in zahllose Individuen, die alle Gott in sich tragen, und um diese zu erreichen, in sich selber gehen müssen: „So erkennen wir die unendliche Wirkung der unendlichen Ursache, den wahren und wirklichen Abglanz der unendlichen Kraft und brauchen die Gottheit nicht in der Ferne zu suchen, sondern wir haben sie in unmittelbarster Nähe, ja in uns selber."[148] Gott kann für Bruno nicht außerhalb oder über der Welt gesucht werden. Ein solches Streben hätte nach Bruno keinen Sinn in Anbetracht dessen, dass die Welt als Universum unendlich ist und alles umfasst. So schreibt auch Alexander Varga von Kibéd: „Für einen außerweltlichen oder transzendenten Gottesbegriff ist in dem Weltsystem Brunos kein Platz."[149] Hinsichtlich dieser Gedankengänge seiner Philosophie ist es verständlich, dass Bruno von vielen als Vertreter des Pantheismus bezeichnet wird.[150] Mögen viele seiner Aussagen jedoch pantheistische Tendenzen aufweisen, so lässt sich diese Kategorisierung meiner Ansicht nach nicht eindeutig rechtfertigen, da Bruno auch, wie bereits in dem Kapitel über seine Lehre gezeigt wurde, Gott auch als allgemeine Vernunft oder Weltseele bezeichnet und, in Anschluss an Nikolaus von Kues, die Welt eindeutig von Gott unterscheidet. Anne Eusterschulte schreibt dazu: „Welterkenntnis führt damit zur Selbsterkenntnis mit

---

[147] Ebd., S.41.
[148] Bruno, *Das Aschermittwochsmahl*. In: Kuhlenbeck, *Gesammelte Werke*, Bd.1, 1904, S.55.
[149] Kibéd, Alexander Varga von: *Die Philosophie der Neuzeit. Von Giordano Bruno bis Kant.* Verlag Uni-Druck, München 1980, S.4.
[150] Vgl. Hentschel, *Die Philosophie Giordano Brunos*, 1988, S.25.

dem Ziel der Gotteserkenntnis, die allerdings für die reflektierende Vernunft lediglich als Zentrum einer permanenten Selbstumkreisung vollzogen wird."[151] Damit geht allerdings ein gemeinsames Ziel verloren. Auf Grund der Unendlichkeit des Universums ist damit auch dem Menschen keine Grenze gesetzt. Seine Freiheit besteht in der unermesslichen Denkmöglichkeit.

Da die katholische Kirche das aristotelisch-ptolemäische Weltgebäude als metaphysische Manifestation ansah, musste sie sich durch die Lehre eines unendlichen Universums und der sich daraus ergebenden Folgerungen, in ihrem Bestand angegriffen fühlen und um ihre Mittelpunktstellung fürchten.

Indem Giordano Bruno die Unendlichkeit des Universums propagierte, wurde er zur Provokation für die Kirche und zur Gefahr für jeden Amtsträger. Denn Bruno lehrte, dass ein unendlicher Gott nur eine unendliche Welt schaffen kann und auch die Seele des Menschen unendlich ist. Ist das der Fall, so gibt es keine wohldefinierte Wahrheit mehr, die man zur Ausgrenzung aller Andersgläubigen hüten und mit Brachialgewalt verteidigen könnte. Bruno öffnete den gesamten Himmel. Mit seiner Lehre löste er den Geozentrismus der christlichen Theologie in Nichts auf, da es unvorstellbar wurde, dass Gott Mensch auf einem einzelnen Planeten wird. Bei Giordano Bruno wird die Menschwerdung selber zum religiösen Thema und die Begegnung mit Gott ein kosmischer Vorgang, „wir haben sie in unmittelbarster Nähe, ja in uns selber"[152]. In einem gewissen Sinn kann man sagen, dass Bruno seine Unendlichkeit vergöttlichte. So schreibt auch Alexander Varga von Kibéd: „Die Unendlichkeit des Weltalls war mit der Unendlichkeit Gottes identisch – ein Gedanke, der ihn vollkommen erfüllte und keinen Platz für das Kreuz Christi ließ."[153]

Brunos Entdeckung war, dass nach Kopernikus eine neue Weltsicht zur Notwendigkeit wurde, um weiterhin auch religiös der Wirklichkeit stand-

---

[151] Eusterschulte, *Giordano Bruno zur Einführung*, 1997, S.117.
[152] Bruno, *Das Aschermittwochsmahl*. In: Kuhlenbeck, *Gesammelte Werke,* Bd.1, 1904, S.55.
[153] Kibéd, *Die Philosophie der Neuzeit,* 1980, S.8.

halten zu können. Auch wenn Giordano Bruno am Ende des Mittelalters in einer Umbruchsituation lebte, lehrte er in einer Welt, die sich in jeder Hinsicht noch als Mittelpunkt verstand. Seine Erkenntnisse und seine Ansicht vom Universum war für die Kirche Gotteslästerung. Giordano Bruno geriet immer mehr in den Zwiespalt der dogmatischen Forderungen der Kirchen, die nicht mehr mit seinen Weltbildvorstellungen zu vereinigen waren. Der Ursprung seiner Religionsphilosophie lässt sich im Neuplatonismus wiederfinden. Der philosophische Grundgedanke, um den sich seine Lehre dreht, ist die unendliche Ursache oder die unendliche Verwirklichung der unendlichen Macht im Universum. So schreibt er: „(...) wir wissen, dass Wirkung und Ursächlichkeit einer unendlichen Ursache und eines unendlichen Prinzips auch in Ansehung ihrer körperlichen Seinsart unendlich groß sein muss."[154] Brunos Zerstörung des kirchlichen Weltbildes und seiner Bedeutung für den Menschen stellte indirekt die Existenz Gottes und die Wahrheit des Christentums in Frage. In Bezug auf das Christentum verhielt er sich teils ablehnend und teils tolerant. Wenn man versucht, Giordano Bruno grundsätzlich in Bezug auf das Christentum zu beurteilen, kann man nicht sagen, dass er mit dem Christentum gebrochen habe, und auch nicht, dass er ein christlicher Atheist war. Bruno vertrat eine Alleinheitslehre und polemisierte konsequent gegen alles, was sich nicht in seine Lehre einfügen ließ.

Auch die protestantische Reform, die wohl bislang folgenschwerste Herausforderung der katholischen Lehre, hatte die tradierte dualistische Vorstellung vom Kosmos, selbst in ihrer ptolemäischen Form, nicht in Frage stellen wollen. Luther, Melanchthon und fast alle anderen protestantischen Theoretiker suchten zwar nach einer neuen Art der Vermittlung zwischen Mensch und Gott, es ging ihnen aber allein um die Begründung einer neuen Form der religiösen Beziehungen des Menschen, nicht um die Aufhebung des physikalischen und philosophischen Dualismus. Die aristotelisch-platonische Kosmostheorie wurde ebenso abgelehnt wie die kopernikanische Konzeption. Allein die Heilige Schrift wurde als gültige Quelle jeder Erkenntnis über die Beschaffenheit des Universums anerkannt. Damit wird

---

[154] Bruno, *Das Aschermittwochsmahl*. In: Kuhlenbeck, *Gesammelte Werke,* Bd.1, 1904, S.99.

ersichtlich, warum auch der Protestantismus, als prägnantestes Beispiel gegen die katholische Lehre, Bruno nicht in seine Reform des menschlichen Selbstverständnisses mit einbezog.

Es ist nicht unverständlich, was die Kirchen an der Lehre Brunos erschreckte und was sie mit solcher Vehemenz ablehnten. Die Unendlichkeitsvorstellung, welche die Kirche als Drohung der Auflösung ihrer Lehre empfand, war für Bruno kein schreckhaftes Erlebnis, sondern stellte für ihn den Beweis für die Unfasslichkeit Gottes dar. Er hatte das Gefühl vom kirchlichen Gott zu einem größeren, der sich allen dogmatischen Definitionen entzog, durchgedrungen zu sein. Für Bruno war dies ein religiöses Erlebnis, dem allerdings eine Gottesauffassung zugrunde lag, die den Kirchen widersprach.

Die Antwort auf die Frage nach der unerschöpflichen Erbitterung der katholischen Kirche gegenüber dem Mitbruder Giordano Bruno lässt sich somit in seiner Philosophie finden, die dem Universum nicht nur Unendlichkeit, sondern auch Ewigkeit zuschreibt, d.h., dass es immer existiert hat und auch immer existieren wird. Diese Behauptung macht einen Schöpfergott überflüssig, da man nicht weiß, wo man ihn platzieren sollte. Wenn es aber keinen Platz für Gott gibt, dann umso weniger für seine Stellvertreter auf der Erde. So gesehen muss Giordano Bruno, den Jochen Kirchhoff als „philosophischen Unruhestifter ersten Ranges"[155] bezeichnet, der Kirche plötzlich als besonders gefährlicher Philosoph erschienen sein. Das erklärt auch, warum diese nach seiner Hinrichtung weiterhin versucht hat, ihn totzuschweigen und zu diffamieren. Wäre ein Zugang zu den bis heute verschollenen römischen Prozessakten möglich, so wäre gewiss ersichtlich, dass das wahre Motiv seiner Verurteilung zum Tod auf dem Scheiterhaufen vor allem seine Lehre des unendlichen und ewigen Universums gewesen ist.

---

[155] Kirchhoff, Jochen: „*Die unheilige Allianz*". In: Der Spiegel 7 (2000), S.206-210.

3.4. Die Suche nach der wahren Naturphilosophie der Antike

Giordano Bruno kritisierte die eine wie die andere Kirche. Er machte sie schuldig, Grund der Zwistigkeiten und Streitereien in der Welt zu sein. Auf Grund seiner neuen wissenschaftlichen Erkenntnisse und des veränderten Weltbildes, das er philosophisch zu begründen versuchte, glaubte Bruno, die Menschen wieder zur Ehrfurcht vor dem Unendlichen und Erhabenen zu bringen. Damit kehrte er zu den Quellen uralter Religionen zurück. Als Alternative zur scholastischen und aristotelischen Philosophie bringt Giordano Bruno daher die Tradition der „alten Philosophie" der in Ägypten oder bei den Juden erhaltenen Lehren anonymer Priester, Magier und Wissender des Altertums. Das ägyptische Milieu, in dem der Legende nach Pythagoras seine Wissenschaften erlernte, wurde schon in der Antike als die geheimnisvolle Quelle aller esoterischen Lehren angesehen. Auch Aristoteles lobte die astronomischen Kenntnisse der Ägypter und Babylonier, durch die viele zuverlässige Berichte über die Gestirne überliefert wurden.[156] Die Naturreligion der Ägypter besaß nicht nur Giordano Brunos uneingeschränkte Anerkennung, sondern sie kam seiner Vorstellung von einer Religion des Geistes am nächsten. Die Ansicht, dass der Mensch nur in sein Inneres hinein zu leuchten braucht, um dort die Gottheit zu finden, sowie das Hineintauchen in die eigene Tiefe, um sich dort der eigenen Göttlichkeit bewusst zu werden und mit der Gottheit eins zu werden, ist ein Element, dass sich sowohl bei den antiken Naturreligionen als auch bei Bruno wiederfinden lässt.

Seit etwa 1570 hatte sich Bruno mit den Ursprüngen des Heidentums beschäftigt. Diese vermittelten ihm die Vorstellung, dass es in der Antike eine vollkommene, wahre Naturphilosophie gegeben habe, in der Theologie, Schöpfungslehre und Kosmologie miteinander vereint gewesen seien. Träger waren die heidnischen Priester, die diese Naturphilosophie wie ein Ge-

---

[156] Vgl. Sladek, Mirko: *Fragmente der hermetischen Philosophie in der Naturphilosophie der Neuzeit. Historisch-kritische Beiträge zur hermetisch-alchemistischen Raum- und Naturphilosophie bei Giordano Bruno, Henry Moore und Goethe*. Europäische Hochschulschriften Reihe 20/ Philosophie Bd. 156, Peter Lang Verlag, Frankfurt a.M. 1984, S.28.

heimnis hüteten und diese dem einfachen Volk als Religion vermittelten. Diese Religion sei vor allem bei den Ägyptern, den Chaldäern und den Babyloniern beheimatet gewesen. In seinem Werk „Über die Schatten der Ideen" treten einzelne Elemente hervor, die auf verdeckte ägyptische Quellen der Lichtphilosophie schließen lassen. Bruno präsentiert hier nicht nur mnemotechnische Einzelheiten einer ausgearbeiteten Denk- und Gedächtnismethode, sondern stellt die Hauptfigur Hermes so dar, dass dieser die restlichen Anwesenden in die Geheimnisse des Intellekts und der durch ihn offenbarenden Sonne einweiht. Das Denken wird darin nicht nur in Verbindung mit Sonnenanbetung gebracht, sondern wird auch dargestellt als eine durch Licht und Bilder zustande kommende Tätigkeit des Geistes, der in sich die Gedanken als Schatten der Ideen spiegelt.[157] Nicht nur das Universum ist daher grenzenlose Spiegelung der Gottheit, sondern jede individuelle Intelligenz ist gleichsam fragmentarischer Spiegel.[158] Das, was der Mensch sichtbar erschaut und mit seinem Verstand erfasst, ist nicht die erste Wahrheit, sondern nur ein Bild und Abglanz derselben. Diesen Spiegel und Abglanz mit Hilfe des Verstandes immer weiter zu ergründen, ist für Bruno der Weg des Menschen zum Heil. So schreibt er:

„Was aber die Schatten der Ideen angeht (...), so sind diese genau die, die am meisten zum Ziel zu führen vermögen, wenn durch sie der Aufstieg geschehen soll, und unter ihnen soll man nicht schlafen."[159]

Für Giordano Bruno steht nicht die Frage nach der Wahrheit der christlichen Lehre und des Bekenntnisses im Vordergrund, sondern das Suchen, Erfahren und Erleben der Gottheit bzw. des Einen in den Naturdingen. Walter Nigg schreibt dazu: „Er wollte durchaus eine Religion, wenn auch nicht die christliche Erlösungslehre, sondern eine Heilslehre für freie Geister, die dem heroischen Hochsinn ergeben waren und die sich in der Richtung auf eine Naturfrömmigkeit hinbewegte."[160] Die Frage nach dem rechten Bekenntnis besitzt daher für Bruno keinerlei Relevanz. Da das Göttli-

---

[157] Vgl. Bruno: *Über die Schatten der Ideen*. In: Samsonow, *Giordano Bruno*, 1999, S.237ff.
[158] Vgl. ebd., S.239.
[159] Ebd., S.239.
[160] Nigg, Walter: *Das Buch der Ketzer*. Artemis Verlag, Zürich 1949, S.412.

che in allen Dingen ist, kann keine Religion, keine Person, kein Volk, kein Heilereignis für sich in Anspruch nehmen, den Willen und die Macht der Gottheit darzustellen oder zu enthalten. Gerade dadurch, dass Bruno die vielfältigen Ausdrucksweisen des Göttlichen aufzeigt, werden alle jene kritisiert, die auf ihr Dogma den Absolutheitsanspruch erheben und Andersgläubige als Ketzer brennen sehen wollen. So richtet er in seinem Werk „Die Vertreibung der triumphierenden Bestie" auch wütende Angriffe gegen das Judentum, die er als „bestialisch"[161] und gemeingefährlich bezeichnet: „...denn diese sind eine so pestilenziale, aussätzige und gemeingefährliche Rasse, dass sie ausgerottet zu werden verdienen, noch bevor sie geboren werden."[162] Durch diesen Angriff auf den persönlichen Gott des Judentums, der keine anderen Götter neben sich duldet und dem israelischen Volk das Bewußtsein gibt, auserwählt zu sein, prangert er den damit verbundenen grenzenlosen Hochmut an. In einem sehr ausfälligen Stil lehnt sich Bruno gegen die Monopolstellung einer Religion, sowie gegen ihren Absolutheitsanspruch auf. Im engeren Sinne plädiert er sogar dafür, dass alle unendlich vielen Offenbarungsweisen des Göttlichen schließlich doch nur in einer Wahrheit zusammenfallen und an ihr partizipieren. In diesem Sinne einer Bekenntnisgemeinschaft, die ihr Bekenntnis für absolut hält, besitzt Giordano Bruno keine Religion. Gerade dieser Sachverhalt zeigt, dass Bruno in einem gebrochenen Verhältnis zur Tradition steht. Gegen die Stigmatisierung als Ketzer seitens der Kirche hat Bruno sich jedoch Zeit seines Lebens gewehrt. Im Gegenteil, er betrachtete sich selbst immer als ein großer Förderer der Religion, da seine Philosophie, wie er meinte, sowohl die naturwissenschaftliche als auch die religiöse Wahrheit enthalte.[163]

---

[161] Bruno, *Die Vertreibung der triumphierenden Bestie*. In: Kuhlenbeck, *Gesammelte Werke*, Bd.2, 1904, S.204.

[162] Ebd., S.170.

[163] Vgl. Bruno, *Das Aschermittwochsmahl*. In: Kuhlenbeck, *Gesammelte Werke*, Bd.1, 1904, S.110-115.

4. GIORDANO BRUNO – AN DER SCHWELLE DER MODERNE

Europa wird wirtschaftlich und kulturell weitgehend von anderen Nationen nachgeahmt oder zumindest bewundert. Selbstbewusst wie kenntnisarm treten die Europäer dagegen nichteuropäischen Kulturen gegenüber und benennen viele als Entwicklungsländer, da sie sich – so unterstellt man ihnen – noch nicht zum europäischen Niveau aufgeschwungen hätten. Die gleiche Haltung nehmen häufig viele auch gegenüber der eigenen europäischen Geschichte, so auch der mittelalterlichen Kultur und der barocken Epoche ein. Nicht selten findet oder hört man dabei die Bezeichnung „dunkles" Mittelalter. Der Vorstellung, dass es von diesem „dunklen" Mittelalter keinen Weg, keine Verbindung und keinen Bezug zu unserer heutigen Welt gäbe, wird dadurch Ausdruck verliehen. Die europäische Geschichte scheint für die meisten Menschen erst mit der Neuzeit zu beginnen, genauer gesagt, eigentlich erst mit dem 19. Jahrhundert und dem Zeitalter der Industrialisierung. Denn in jenem Jahrhundert wurden die Weichen für die heutige moderne Welt gestellt. Eine Welt, die von Technik und Fortschritt bestimmt wird und die zahlreiche politische Umstürze, wie Aufhebung der Standesgesellschaft oder Verwurzelung der Demokratie, mit sich brachte. Oft wird dabei außer Acht gelassen, dass auch die Industrialisierung eine Folgeerscheinung der vorhergehenden Ereignisse war. Denn zuerst mussten die Naturwissenschaftler früherer Zeiten mit ihren weit reichenden, zahllosen, Epoche machenden Entdeckungen den Grundstein dazu legen. So erkannte man bestimmte Gesetzmäßigkeiten in der Natur, im Lebensprozess und im Verlauf der Gestirne und folgerte, dass sie bestimmend, unveränderlich und somit ewig seien. Indem man diese Gesetze erkannte, bestand und besteht die Möglichkeit, Einfluss auf diese zu nehmen, sie zu beherrschen und auch auszunutzen. Es wurden daraufhin Fortschritte auf allen Gebieten der Wissenschaften und in Bezug auf das menschliche Leben errungen. Mühelos können wir so heute beispielsweise von einem Ort zum anderen oder um die ganze Welt reisen. Die Elektrizität erlaubt es uns, die Nacht zum Tage zu machen, medizinische Fortschritte ließen die

Kindersterblichkeit erheblich sinken und die Alterserwartung steigen. Wir sind in der Lage die Schwerkraft zu überwinden und sogar in den Weltraum zu fliegen, um von der Ferne aus die Erde zu betrachten. Unser Austausch von Informationen, Nachrichten, Daten und Bildern ist weltumspannend. Es scheint nichts mehr zu geben, was dem Auge der Wissenschaft verborgen bliebe. Harte und schwere Arbeit verrichten heute weitgehend Maschinen und vom Menschen erfundene Computer-Programme steuern ganze Fertigungsabteilungen, die ohne jegliches menschliches Eingreifen das gewünschte Produkt erzeugen. Die Chemie machte es möglich, den Lebensmechanismus soweit zu erforschen, dass wir selbst Wachstum und Reifung von Organismen steuern können. Die Errungenschaften sind gewiß groß und bewunderungswürdig, denn sie machen unser Leben leichter und auf eine gewisse Weise auch freier. Durch technische Fortschritte hat der Mensch vielerlei Freiheiten errungen, von denen er bislang nur träumen konnte. Doch die Voraussetzungen und Grundbedingungen dieser Entwicklungen der Moderne gehen nicht nur auf die Industrialisierung des 19. Jahrhunderts zurück, sondern reichen durchaus bis ins Mittelalter.

Bezieht man nun die Philosophie Giordano Brunos in die Frage nach den Vorbedingungen und Alternativen der Moderne mit ein, so ist zunächst die Bedeutung der Renaissance insgesamt für die Entstehung der neuzeitlichen Wissenschaft zu erörtern. Bis vor kurzer Zeit wurde der Renaissance philosophiegeschichtlich in der Literatur eher eine marginale Rolle beigemessen. Renaissancephilosophie, so ungenau dieser Begriff auch analysiert wurde, wurde betrachtet als etwas, das einen Übergang, ein Durchgangsstadium oder allenfalls eine Einleitung zu der sich allmählich herausbildenden bürgerlichen Philosophie markierte. Einige Wissenschaftler, wie z.B. Mittelstraß, interpretieren das Denken der Renaissance als eine späte Variante des griechischen Denkens.[164] Sicherlich griffen die Philosophen und Denker der Renaissance das Gedankengut der Antike wieder auf, doch die Renaissance lediglich als Variante des griechischen Denkens zu betrachten zeugt von einem Wissenschaftsverständnis, das der Renaissance jegliche Eigenständigkeit und Originalität abspricht. Am Beispiel der Philosophie Gior-

---

[164] Vgl. Mittelstraß, Jürgen: *Neuzeit und Aufklärung. Studien zur Entstehung neuzeitlicher Wissenschaft und Philosophie.* Berlin 1970, S.154.

dano Brunos wird deutlich, daß die Renaissancephilosophie nicht lediglich als Variante des griechischen Denkens zu klassifizieren ist. Gerade das Beispiel Bruno zeigt, daß die Renaissance durchaus eigenständige und originelle Denkergestalten hervorgebracht hat.

4.1. Die religiösen Umwälzungen am Ende des Mittelalters

Im Verlauf des 15. Jahrhunderts verloren die beiden Universalgewalten des Mittelalters, das Kaisertum und das Papsttum, immer mehr an Bedeutung. Es war eine Zeit, die auf allen Lebensgebieten von einem tiefen Krisenbewusstsein geprägt wurde und nach Reformation verlangte. Soziale, religiöse und politische Kämpfe, sowie Naturkatastrophen und Seuchen bestimmten den Alltag. Die Macht der Kirche war weitgehend geschwächt. Ihr wirtschaftlicher Niedergang war begleitet von und zum Teil bedingt durch einen Zerfall ihres organisatorischen Apparates, in religiöser sowie materieller Hinsicht. Der niedere und auch mittlere Klerus war verarmt, die Klöster vernachlässigt, das allgemeine Ansehen der kirchlichen Repräsentanten gering und die Einkünfte durch die Spenden und Abgaben der Gläubigen dementsprechend niedrig. Dazu kam der Verlust der Bedeutung als politisch imperialer Großmacht, nachdem sich Frankreich und England aus dem römischen Einflussbereich zu lösen begonnen hatten und die Phase der Begründung feudalabsolutistischer Nationalstaaten begann. So hatte sich zu Beginn des 16. Jahrhunderts die Einflußmacht der Papstkirche im Vergleich zu den einzelnen Staaten enorm verringert. Die scholastische Theologie und Philosophie drohte immer mehr zu erstarren. Langsam erlangte der menschliche Geist eine gewisse Selbständigkeit, Festigkeit und Stärke. In dieser Umbruchsituation suchte das Volk in unterschiedlichen Sekten und Glaubensgemeinschaften neben der Kirche ein eigenes religiöses Leben zu entfalten. In dieser Spätphase des Mittelalters, die gekennzeichnet war durch unterschiedliche religiöse Vorstellungen, stand die Kirche vor der Notwendigkeit einer Reformation.

4.2. Voraussetzungen und Einflüsse Giordano Brunos

4.2.1. Die Abwendung vom Aristotelismus

Das philosophische System des Aristoteles steht in der Philosophie des Altertums einzigartig da und beeinflusste die Denkart späterer Jahrhunderte wie kein anderes. Basierend auf den Prinzipien des Denkens stellt es in seinem Grundriß ein geordnetes Ganzes dar, welches alle Teile der Natur zu umfassen versucht. Aristoteles behandelt erstmals den logischen Verstandesgebrauch vollständig, stellt Grundsätze der Erfahrungserkenntnis auf und behandelt die Philosophie in einer Systematik, die Begriffe deutlicher werden lässt und diese an bestimmte Ausdrücke bindet. Ein System, das in späteren Jahrhunderten von der Mehrheit der Gelehrten vertreten wurde und zur Basis fast aller Wissenschaften im Mittelalter und Hauptstütze des Dogmatismus wurde.

Plato dagegen entwickelte ein philosophisches System, das vielmehr auf Vernunft als weniger auf Verstand baute. Alle Erkenntnis hat seiner Ansicht nach einen empirischen Ursprung, wobei die Sinne den Stoff liefern, aus welchem die Vernunft das Wesen der Dinge erkennt. Die Welt sieht er als ein geschlossenes Ganzes und versucht dadurch die Natur aus sich selbst zu erklären. An diesem Punkt geriet er jedoch mit der Vernunft in die Enge, da diese in der Reihe des Endlichen keine letzte Bedingung findet, so dass Plato gezwungen war, ein außerweltliches Wesen anzunehmen. Die in dem System des Plato und auch des Neuplatonismus vorkommende Trinität weist Ähnlichkeit mit der kirchlichen Lehre der Dreieinigkeit auf, aber nur eine sehr entfernte. Das der Kirche eigentümliche Dogma der Dreieinigkeit weist eine Besonderheit auf, die bei Plato nicht vorkommt, nämlich eine Substanz als drei Personen und drei Personen als eine Substanz zu denken.

Die katholische Kirche gestand sich selbst das Recht zu, zur Reinhaltung der Religion allgemeine und unveränderbare Vorschriften zu geben, was geglaubt und für wahr gehalten werden müsse. Die Kirchenlehrer waren an diese Normen gebunden und die Laien mussten glauben, was ihnen gelehrt wurde. Daher kam es auch, dass wer über Aristoteles frei urteilte und seine Philosophie einer Prüfung unterwarf, oder gar Einiges kritisierte oder verwarf, so angesehen wurde, als sei er ein Gegner der Theologie und wolle die Dogmatik zerstören.

Giordano Bruno hatte sich bereits während seiner Zeit als Mönch im Orden der Dominikaner sehr intensiv mit den Werken des Aristoteles auseinandergesetzt. Um sein Aristotelesverständnis noch weiter zu vertiefen, las er zudem zahlreiche Kommentare, sowie monographische Werke, die sich mit der aristotelischen Lehrtradition auseinandersetzten. Da Bruno, außer der italienischen, nur der lateinischen Sprache fähig war, hatte er weder Aristoteles noch irgendein anderes Werk der aristotelischen Lehrtradition je in der Originalsprache gelesen, was ihn aber nicht daran gehindert hat, ein ausgesprochener Aristoteleskenner zu werden.

Wie bereits erwähnt, zeigte Bruno großes Interesse an der Naturphilosophie der Antike, die er zu rekonstruieren versuchte. Da Aristoteles sich in zahlreichen Punkten seines philosophischen Systems von seinen Vorgängern, hauptsächlich von Plato, unterschied, begegnete Bruno, der die platonische Richtung verfolgte, der aristotelischen Lehre gegenüber größtenteils ablehnend. Er kritisierte an ihm, falsche Definitionen in die Naturphilosophie eingebracht und dadurch den Blick auf die Natur völlig verstellt zu haben:

„Wer, der ein gesundes Urteil hat, sieht nicht den Vorteil, den Aristoteles erlangte, als er (...) seine Ehre darin suchte, der pythagoräischen Lehre und den Naturphilosophen den Streit zu verkünden, indem er mit seinem logischen Scharfsinn Definitionen, Begriffe und gewisse fünfte Entitäten und sonstige Ausgeburten seiner phantastischen Denkweise als Prinzipien und als das Wesen der Dinge hinstellt, da ihm mehr lag an dem Ansehen bei der Menge und blinden Mehrheit, die sich leichter durch oberflächliche Sophismen und Scheingründe leiten und gängeln lässt, als an der Wahrheit, die in der Tiefe liegt und den Kern der Dinge bildet? Er regte seinen Verstand, nicht um die Dinge zu erkennen, sondern um über Dinge abzuerkennen und abzuurteilen, die er nie studiert und verstanden hatte."[165]

---

[165] Bruno, *Eroici furori*. In: Kuhlenbeck, *Gesammelte Werke*, Bd.5, 1907, S.177.

4.2.2. Nikolaus von Kues: Die metaphysische Voraussetzung

Das ausgehende Mittelalter war in der Kirchengeschichte nicht nur eine Periode geistlichen und institutionellen Zerfalls. Die Zeichen einer neuen Zeit taten sich auf, die die Menschen und Verhältnisse noch weit über die Zeit hinaus in Bann halten und bis in die Gegenwart nachwirken sollten. Kardinal Nikolaus von Kues (1401-1464) war ein Theologe, der über das Kleinmaß seiner Zeit weit hinausragte. Gemeinsam mit Giordano Bruno, gilt er als Wegbereiter eines religions-philosophischen Ansatzes, der über die Philanthropie des 18. Jahrhunderts bis in die Gegenwart nachwirkte und richtungsweisend wurde. Kues` Absicht war es, durch eine philosophische „Überarbeitung" der aristotelisch-thomistischen Grundlagen des christlichen Glaubenssystems auch eine Reorganisation des kirchlichen Apparates zu bewirken und damit durch eine innerkirchliche, katholische „Erneuerung", die Reformationsbestrebungen, die v.a. von Nordeuropa ausgingen, aufzufangen.

4.2.2.1. Die belehrte Unwissenheit:

Philosophisch ging es Nikolaus von Kues um die Darstellung der Verhältnisse 'Unendlichkeit - Endlichkeit`, 'Einheit – Vielheit` und 'Schöpfer – Geschöpf`. Problematisch stellte sich für Kues v.a. das Verhältnis 'Einheit – Vielheit` dar, denn, so lautete seine These, wenn Gott alles ist, was sein kann, wie kann dann „Anderes" sein. Somit versuchte er zunächst die Einheit der Vielfalt des sinnlich Wahrnehmbaren zu begründen. Die Möglichkeit, diese Vielfalt als ein einheitliches Ganzes zu denken, sah er darin, in gedanklicher Abstraktion alles das zusammenfassen zu können, was allem Verschiedenen und Gegensätzlichen gemeinsam ist. Mit seinem philosophischen Erstlingswerk „*De docta ignorantia*", das er 1440 abschloss, führte er mit der Lehre vom wissenden Nichtwissen eine neue Erkenntnismethode ein. Dabei knüpfte er an das platonische Allgemeingut an, dass die Dingphänomene nur abbildhafte Erscheinungen ihrer Urbilder repräsentieren. Da die Sinnendinge allerdings das reine Wesen ihrer selbst verstellen, weil sie selbst nur Abbilder ihrer Urbilder repräsentieren, die nur allein in Gott rein sind, kann die menschliche Erkenntnis, die eigentliche

Wahrheit der Dinge niemals ganz erfasen.[166] So schreibt er: „Die Wesenheit der Gegenstände, welche die Wahrheit der seienden Dinge ist, ist also in ihrer Reinheit unerreichbar."[167] Daher ermöglicht, laut Kues, erst das Selbsterkennen als Nichtwissender den Aufbruch zu bisher Ungedachtem. Denn: „Je gründlicher wir in dieser Unwissenheit belehrt sind, desto näher kommen wir an die Wahrheit selbst heran."[168] Damit ist Gott in seiner Einheit alles; d.h. der der vorauszusetzende All-Eine, der in seinem Wesen nicht erkannt werden kann, da unser Geist, wie er schreibt, das Sein der Schöpfung nicht erfassen kann.[169] Kues geht hier deutlich über die Begrifflichkeit der Neuplatoniker hinaus, die die Einheit Gottes über jegliche Vielheit stellen, indem er diese Einheit als all-einen Grund auffasst. Karl-Heinz Volkmann-Schluck schreibt dazu: „Nicolaus v. Cues erfährt und denkt zum erstenmal entschieden das Sein des Seienden selbst als unendliche Einheit."[170] In Gott fallen für Kues alle materiell erscheinenden Unterschiede, Gegensätze und Widersprüche zusammen (*„coincidentia oppositorum"*[171]). Um mathematisch nachvollziehbar zu machen, dass dies dem Begreifen des Menschen unzugänglich ist, zog er den Vergleich mit dem Schnittpunkt zweier Parallelen in der Unendlichkeit, räumte aber zugleich ein, dass diese jenseits alles möglichen Wissens bleiben müsse.

Giordano Bruno übernimmt diesen Gedankengang Nikolaus von Kues, bei dem die Unendlichkeit und das Zusammenfallen der Gegensätze als

---

[166] Vgl. Winkler, Norbert: *Nikolaus von Kues zur Einführung.* Junius Verlag, Hamburg 2001, S.47.

[167] Kues, Nikolaus von: *Die belehrte Unwissenheit. Band I.* Latein-Deutsch. Herausgegeben und übersetzt von Paul Wilpert, Felix Meiner Verlag, Hamburg 1964, S.15.

[168] Ebd., S.15.

[169] Vgl. Kues, Nikolaus von: *Die belehrte Unwissenheit. Band II.* Latein-Deutsch. Herausgegeben und übersetzt von Paul Wilpert, Felix Meiner Verlag, Hamburg 1967, S.17.

[170] Karl-Heinz Volkmann-Schluck: *Nicolaus Cusanus. Die Philosophie im Übergang vom Mittelalter zur Neuzeit.* 3.Auflage, Vittorio Klostermann Verlag, Frankfurt a. M., 1984, Einleitung S.13.

[171] *co – incidere*: eine Bildung, die im klassischen Latein nicht vorkommt; doppelte Bedeutung: bezeichnet sowohl das Ineinsfallen als auch das Aneinanderhängen (Ineinanderfallen) der Gegensätze.

Haupteigenschaft der Gottesidee auftreten, und überträgt sie auf das Universum.

Dem Menschen bleibt nach Kues lediglich die Wissenschaft dieses Unendlichen und universalen Einen, die er als „Negative Theologie" benannte. Sinn und Zweck war, indem er von Gott alle positiven Bezeichnungen abzog, zu sagen, was Gott nicht ist und dadurch zu verdeutlichen, dass Gott allein durch geistigen Zugriff erschließbar ist. Nur auf diese Weise war es dem Menschen möglich, so Kues, Gott als Aufhebung aller irdischen Gegensätze zu erkennen. Der Sachverwalterin Gottes auf Erden, der katholischen Kirche, kommt nach Kues die Aufgabe zu, die irdischen Voraussetzungen für einen einheitlichen Bezug zu Gott herzustellen: „Denn Kirche besagt Einheit von vielen unter Wahrung der personalen Wirklichkeit eines jeden einzelnen ohne Verwischung der Einzelnaturen und der Stufen."[172] In der praktischen Umsetzung musste dies so aussehen, dass unter Anleitung der Kirche ein religiöses „Einheitsbewusstsein" ermöglicht werden sollte, dem ein über alle weltlichen Differenzen hinausreichendes Gemeinsames zu Grunde liegt. Die Möglichkeit der praktischen Herstellung eines solchen religiös-philosophischen Einheitsbewusstseins, sah Kues allein in einer mächtigen Universalkirche, in der er den politischen und theoretischen Ausweg aus der Krise des 15. Jahrhunderts erkannt zu haben glaubte.

Grundsätzlich findet die kosmologische Spekulation bei Nikolaus von Kues in der göttlichen Vorsehung ihr Ende, denn für ihn ist klar, dass ausschließlich Gott „der Mittelpunkt der Welt ist, der gebenedeite Gott", der auch „der Mittelpunkt der Erde und aller Sphären und aller Dinge, die in der Welt sind"[173] ist.

Giordano Bruno kommt an dieser Stelle zu dem entgegengesetzten Ergebnis. Er verfechtet die reale Unendlichkeit des Kosmos mit allen Konsequenzen der Metaphysik, Mathematik und Physik. Gemeinsam ist beiden der platonische Gedanke und Versuch, das Problem der Einheit und Viel-

---

[172] Kues, Nikolaus von: *Die belehrte Unwissenheit. Band III.* Latein-Deutsch. Herausgegeben und übersetzt von Gerhard Senger, Felix Meiner Verlag, Hamburg 1977, S.97.

[173] Ebd., S.89.

heit metaphysische und kosmologisch aufzugreifen und anzuwenden. Von Kues übernimmt Bruno auch das metaphysische Modell, in dem die Gottheit nicht nur eine transzendente Substanz ist, nicht mehr „Person" ist, die sich in der Natur aus der Fülle ihrer Schöpfergestalten zur Verleiblichung erwählen könnte, sondern die in allen Gestalten „erscheint", ohne eine davon schlechthin zu werden. Doch Bruno geht noch einen Schritt weiter und überträgt die Unendlichkeit der Gottheit Kues auf das Universum. Eine Stelle aus der „Docta ignorantia" soll hier angeführt werden, aus der ersichtlich wird, dass Bruno über die Position Kues` hinausgeht. So schreibt Kues im 2. Buch, dass die unendliche Form nur in endlicher Weise aufgenommen werde, so dass alles Geschaffene so etwas wie eine „endliche Unendlichkeit"[174] oder ein „geschaffener Gott"[175] sei und daher vollkommener sein könnte als es ist. Damit drückt Kues seine Ablehnung der Möglichkeit aus, die Allmacht könne darin absolut werden und sich selber reproduzieren. Dass Bruno völlig anderer Ansicht war und einer unendlichen Ursache auch nur eine unendliche Wirkung zusprach, wurde an zahlreichen anderen Stellen in dieser Arbeit bereits ausführlich erläutert.

4.2.2.2. An der Schwelle einer Epoche:

Nikolaus von Kues und Giordano Bruno stehen beide an der Schwelle zu einem neuen Zeitalter. Wie Hans Blumenberg in seinem Buch „Aspekte der Epochenschwelle" schreibt, gelten beide nicht als Epochenstifter, zeichnen sich aber durch ihr Verhältnis zur Epochenschwelle aus.[176] Karl-Heinz Volkmann-Schluck sieht bereits in Nikolaus von Kues den Anfang der Moderne, indem er ihm zuschreibt, das mittelalterliche Denken dadurch zum Abschluss gebracht zu haben, dass er aus einem einzigartigen Grundgedanken die wesentlichen Denkmotive des Mittelalters in eine ursprüngliche Einheit zusammennahm und dadurch das Ganze der Überlieferung in die neuzeitliche Denkweise hinüberleitete.[177] Tatsächlich nimmt das theologisch-philosophische Werk des Nikolaus von Kues eine eigentümlich

---

[174] Ebd., S. 21.
[175] Ebd., S. 21.
[176] Vgl. Blumenberg, *Aspekte der Epochenschwelle*, 1976, S.20.
[177] Vgl. Volkmann-Schluck, *Nicolaus Cusanus*, 1984, Einleitung S.9.

zwiespältige Position in der Philosophiegeschichte ein, da es Neubeginn und spätmittelalterliches Denken in einer Art Synthese zusammenführt. Das Neue am Denken des Nikolaus von Kues zeichnet sich dadurch aus, dass es Möglichkeiten für ein ungewohntes Weltverstehen eröffnet. Letztendlich überschreitet er aber dennoch, wie Norbert Winkler schreibt, „die Schwelle zu wirklicher Modernität jedoch nicht".[178] Kues, der die innerchristlichen Vorgänge in einer Linie mit der katholischen Lehre zu erneuern versucht, steht direkt vor der Schwelle, doch Bruno, der mit seiner Lehre, die sich mit dem christlichen System nicht mehr vereinbaren lässt, überschreitet diese Schwelle und lässt sie bereits hinter sich.

Der Versuch einer Reform der Papstkirche durch Nikolaus Kues scheiterte an den sozial-ökonomischen und materiellen Umwälzungen der Zeit. War Kues noch um die Vereinigung des Christentums und der Fremdreligionen bemüht, so stand Bruno ein Jahrhundert später einer gespaltenen christlichen Kirche gegenüber, die gerade durch ihre Spaltung fraglich geworden war. Bruno, der die katholische Kirche in ihrem Absolutheitsanspruch nicht mehr bestätigt, sondern angreift, kann somit nicht mehr in einer Linie mit Kues gesehen werden. Mit ihm beginnt eine neue Phase, religiöse Differenzen zu beseitigen.

4.2.3. Nikolaus Kopernikus: Die kosmologische Voraussetzung

Im Jahre 1543 veröffentlichte der Frauenburger Denker Nikolaus Kopernikus sein Werk „*De revolutionibus Orbium Coelestium Liber primus*". Mit diesem Werk versetzte Kopernikus der mittelalterlichen Weltvorstellung einen vernichtenden Schlag, indem er, wie Hans Günther Zekl in der Einleitung zur lateinisch-deutschen Übersetzung schreibt, „den Wohnort der Menschen aus ihrer Mitte nahm"[179]. Das Jahr der Veröffentlichung wird deshalb auch in der Philosophie- und Wissenschaftsgeschichtsschreibung gemeinhin als Beginn der Neuzeit aufgefasst. Dennoch erscheint es verwunderlich, dass das Werk des Kopernikus fast über ein halbes Jahrhundert

---

[178] Winkler, *Nikolaus von Kues zur Einführung*, 2001, S.9.

[179] Zekl, Hans Günther: *Einleitung*. In: Nicolaus Copernicus: *De revolutionibus Liber primus - Das neue Weltbild*. Felix Meiner Verlag, Hamburg 1990, S.19.

kaum bemerkenswerte Reaktionen hervorrief. Die kopernikanischen Überlegungen wurden lange Zeit von den Feudaltheoretikern nicht als Gefahr für die feudale Weltanschauung eingestuft. Es waren vielmehr die Nachfolger, die dadurch, dass sie aus der neuen Theorie Folgerungen zogen, an die Nikolaus Kopernikus selbst wohl kaum zu denken gewagt hat, Aufsehen erregten und sich gegen die klerikalen Verteidiger der alten Vorstellungen stellten. Wie Jens Brockmeier in seinem Buch „Die Naturtheorie Giordano Brunos" schreibt, lag es Kopernikus selbst wahrscheinlich sehr fern, sich als Kämpfer gegen die damalige Weltanschauung zu begreifen.[180] Er war zwar dem wissenschaftlichen Fortschritt gegenüber sehr aufgeschlossen, galt aber dennoch als guter Katholik und als Domherr der Kirche treu ergeben.

4.2.3.1. Kopernikus` Kosmologie:

Der erste Satz der aristotelischen Kosmologie lautete, dass das, was man sieht, auch ist. Daraus ergab sich die Annahme, dass ab der Mondsphäre Wesen und Erscheinung zusammenfielen. Die Hauptkritik Kopernikus` setzte an der aristotelischen Vorstellung der Gleich- und Kreisförmigkeit der Himmelskörperbewegungen an. Mit der Behauptung der Beweglichkeit der Erde, der „*mobilitas terrae*"[181], stellte Kopernikus eine revolutionäre These auf, die das Kernstück seiner neuen Theorie bildete. Indem die Erde weder im kosmischen Zentrum steht, noch unbeweglich ist, verliert sie sowohl ihre metaphysische als auch astronomische und physikalische Vorrangstellung. Sie wird zu einem Himmelskörper unter vielen, der den gleichen physikalischen Gesetzmäßigkeiten unterliegt, die überall im Kosmos Gültigkeit haben.

Mit Kopernikus war ein Stein ins Rollen gebracht worden, der eine ganze Lawine von antiaristotelischen Argumenten nach sich zog. Wenn auch zweifelhaft ist, ob Kopernikus seinen Theorien die weltanschauliche Bedeutung beigemessen hat, die sie in der Nachfolgezeit bekommen haben, so

---

[180] Vgl. Brockmeier, Jens: *Die Naturtheorie Giordano Brunos. Erkenntnistheoretische und naturphilosophische Voraussetzungen des frühbürgerlichen Materialismus.* Campus Verlag, Forschung Band 127, Frankfurt/New York 1980, S.31.

[181] Copernicus, *De revolutionibus Liber primus,* 1990, S.132.

gaben sie dennoch den Anlass dazu, nicht nur einen bestimmten astronomischen Aspekt, sondern das ganze Gedankengebäude der aristotelisch-thomistischen Naturphilosophie in Frage zu stellen. Giordano Bruno griff Kopernikus' Überlegungen auf und durchdachte sie philosophisch. Bruno betrachtete Kopernikus, wie bereits erwähnt wurde, zwar mehr als Mathematiker als Naturphilosophen[182], aber dennoch war er für ihn der Mann, der durch sein Werk eine wahre Renaissance des Geistes und der spirituellen Entfaltung ermöglichte.

4.2.3.2. Giordano Brunos kopernikanische Konsequenz:

Schon einige Jahre vor Bruno hatte sich in England einer der führenden wissenschaftlichen Vertreter, Thomas Digges (1543-95)[183], in seinem Werk *"Perfit description of the Coelestial Orbes"* gegen die These Kopernikus', dass die am Himmel sichtbaren Sterne in annähernd gleicher Entfernung vom Weltzentrum eine unbewegliche, kugelförmige Sphäre bilden, ausgesprochen.[184] Bruno, der wahrscheinlich während seines Aufenthalts in London, auf Digges, der zu seiner Zeit als einer der berühmtesten Astronomen und Mathematiker galt, gestoßen war, sah in seinen Überlegungen nicht nur seine eigenen bestätigt, sondern erweiterte Digges' Kritik an Kopernikus. Von Digges übernahm er die Vorstellung, dass ein Universum, das nach Kopernikus eine Relativität des Standpunktes forderte, auch an seinem äußeren Rand keine bestimmbaren Orte haben kann. Denn, wenn nach Kopernikus, die Fixsternsphäre so weit vom Betrachter entfernt ist, dass nicht einmal die Perspektivverschiebung, die durch die Drehung der Erde um die Sonne zustande kommen muss, wahrgenommen werden kann, folgerte

---

[182] Vgl. Bruno, *Das Aschermittwochsmahl.* In: Kuhlenbeck, *Gesammelte Werke,* Bd.1, 1904, S.50.

[183] Thomas Digges setzte sich für die Anerkennung der Lehre des Kopernikus ein, erweiterte diese aber auch durch astronomische Erkenntnisse, die sein Vater Leonard Digges vorbereitet hatte. In seinem Werk „Pantometrica" beschreibt er die bemerkenswerten astronomischen Untersuchungen seines Vaters mit Hilfe von „proportionalen Gläsern"; vermutlich eine Art Teleskop, 35 Jahre bevor die Erfindung des Teleskops 1608 in Holland registriert wird.

[184] Vgl. Wightman, W.P.D.: *Science in a renaissance society.* Hutchinson University Library, London 1972, S.122ff.

Bruno, dass dann auch die Distanz Weltmittelpunkt und Fixsterne durch sinnliche Wahrnehmung aufgrund derselben Entfernung hinfällig wird.[185] Daraus schloss er, dass das Universum ohne Rand sein und nur als Unendliches gedacht werden kann. Bruno nahm zwar die Überlegungen von Digges auf, wandelte sie aber so ab, dass es unmöglich war, das Sonnensystem als zentralen Kugelkosmos zu verstehen, der konzentrisch von den Sternen umrahmt wird. Die Vorstellung eines kosmischen Zusammenhangs, der sich ins Unendliche ausdehnt, ist für Bruno eine zwingende Folgerung.

4.3. „Il pensiero Bruniano" – Brunos Nachwirkungen und Einflüsse auf die Folgezeit

Der Philologe und Publizist Kaspar Scoppius (Kaspar Schoppe; 1576-1649), der erst 1598 vom protestantischen Glauben zum Katholizismus konvertiert war und in Rom lebte, berichtete am Tag der Hinrichtung Giordano Brunos, dem 17. Februar 1600, in einem Brief an seinen Lehrer und Freund Konrad Rittershausen über das dramatische Ereignis, bei dem er selbst Augenzeuge gewesen war. In diesem Brief zitiert Schoppe nicht nur Brunos berühmten Ausspruch nach der Urteilverkündigung - „Mit größerer Furcht sprecht ihr wohl das Urteil gegen mich aus, als ich es annehme!"-, sondern schreibt auch davon, dass Bruno auf dem Scheiterhaufen seinen Blick vom Kreuz, das ihm ein letztes Mal entgegengehalten wurde, abwandte.[186] Doch Schoppes Intension war es nicht, die Urteilsvollstreckung zu kritisieren, sondern im Gegenteil, seinem Freund zu bestätigen, dass dies die einzig richtige Methode sei, um gegen solche Irrlehrer vorzugehen. In seinem Brief verurteilt er Bruno als Häretiker innerhalb der katholischen Kirche und nimmt ihn ausdrücklich aus der Reformation heraus.[187] So hatte die Inquisition in den acht Anklagepunkten gegen Bruno ihm auch nicht vorgeworfen mit Lutheranern oder Calvinisten sympathisiert zu haben, ob-

---

[185] Vgl. Bruno, *Das Unermessliche und Unzählbare. III.. und IV. Buch,* 1999, S.82ff.
[186] Vgl. Professor Schoppe, *Brief an Rittershausen.* In: Kuhlenbeck, *Gesammelte Werke,* Bd.6, 1909, S.232.
[187] Vgl. ebd., S.229ff.

wohl sie sich über seine Aktivitäten in protestantischen Ländern informiert hatten. Der Augenzeugenbericht von der Hinrichtung Brunos wurde 1621 zum ersten Mal von dem Calvinisten Peter Alvinczi gedruckt, um auf die Grausamkeiten der Inquisition aufmerksam zu machen. Versuchte die katholische Kirche Giordano Brunos Namen nach seinem Tod lange Zeit totzuschweigen, so konnte sie doch nicht verhindern, dass sich seine zahlreichen Werke in den verschiedensten Bibliotheken und Kreisen Europas verbreiteten.

Wie bereits in der Einleitung dieser Arbeit erwähnt wurde, lassen sich kaum oder nur schwer Aussagen über die Auswirkungen und Folgen der zahlreichen Werke Giordano Brunos auf die Nachfolgezeit machen, da es kaum explizite Bezugnahmen auf seine Schriften oder namentliche Nennungen gibt. Es ist sehr wahrscheinlich, dass die Verurteilung und Hinrichtung durch die Inquisition, sowie die Indizierung seiner Schriften, die Auseinandersetzung mit Giordano Bruno zu einem Risiko machten, da man höchstwahrschweinlich durch eine Berufung auf Brunos Lehren in Verruf gerriet, mit einem Irrlehrer und Häretiker zu sympathisieren. So lassen sich hinsichtlich der Einflüsse Brunos Werke auf die Folgezeit meist nur Vermutungen anstellen. Hinzu kommt die Schwierigkeit, dass Brunos Schriften die unterschiedlichsten Interessensgruppen, wie zum Beispiel Fachphilosophen aber auch öffentliche Bibliotheken, durchliefen und Brunos Erbe durch ein sich wandelndes Rezeptionsinteresse immer wieder von einem anderen Aspekt beleuchtet wurde. Auf seine unmittelbaren Zeitgenossen blieb Giordano Brunos Einfluss letztlich relativ gering. Er konnte weder das Verständnis der damaligen Theologen, noch der Naturwissenschaftler gewinnen, da seine Theorie nicht nur das ptolemäische, sondern auch das kopernikanische Weltbild weit hinter sich ließ. Die traditionellen Vorstellungen von Erde und Kosmos waren am Ende des ausgehenden Mittelalters noch zu tief verwurzelt, als dass sie durch die naturphilosophische These eines Außenseiters hätten aufgehoben werden können.

Die erste nachweisbare Bezugnahme auf das Werk Giordano Brunos, fand noch zu seinen Lebzeiten statt, als der Enzyklopädist Johann Heinrich Alsted 1598 eine große Sammlung der Werke Raimundus Lullus und der bedeutendsten Kommentare, darunter einige Schriften Brunos, veröffentlichte. Dadurch wurde Giordano Brunos Mnemotechnik zur philosophischen Grundlage aller folgenden Versuche, eine Universalwissenschaft aufzubauen. Die Wirkung reichte über Baruch de Spinoza (1632-1677) bis zu Georg Wilhelm Leibniz (1646-1716).

4.3.1. Giordano Bruno und Baruch de Spinoza

1697 widmete Pierre Bayle Bruno in seinem *„Dictionnaire historique et critique"* einen Artikel und verglich ihn darin als erster mit Baruch de Spinoza. Obwohl Spinoza die Schriften Brunos höhstwahrscheinlich gar nicht gekannt hat, zieht er jedoch in Bezug auf die Metaphysik einen ähnlichen Schluss wie Bruno in seiner Einheits-Physik, nämlich alle endlichen Dinge als Attribute des unendlichen Gottes zu sehen: „(...) endlich ist das Sein des Daseins das Wesen der Dinge außerhalb Gottes und an sich betrachtet; es wird den Dingen zugeschrieben, nachdem sie von Gott geschaffen sind."[188] Für Bayle bestand der Unterschied zwischen den beiden Philosophen lediglich darin, daß Bruno rhetorisch und Spinoza mathematisch argumentierte.

Vergleicht man die Philosophie Spinozas mit der Giordano Brunos, so lassen sich zwei Hauptthemen feststellen, die bei beiden eine entscheidende Rolle spielen. Das ist zum einen der Themenkreis Gott und Natur, und zum anderen Freiheit und Notwendigkeit. Während Bruno von Gott einmal als dem übernatürlichen und übersubstantiellen Prinzip spricht, ihn dann aber wieder völlig gleich mit Natur und Substanz setzt und das Gottesverständnis philosophisch und theologisch zu trennen scheint, ist bei Spinoza von dieser Sichtweise nichts mehr vorhanden. Spinoza gibt sich voll und ganz mit der unendlichen Natur zufrieden. Während bei Bruno noch ein gewisser Glaube bleibt, ist dieser bei Spinoza nicht mehr zu finden. Für ihn ist Gott unmittelbar in dem Gedanken Natur. Bei Bruno dagegen besteht die Einheit in dem einfachen Zusammenfallen und nicht in dem Eingehen des Seins in das Denken. Gemeinsam ist beiden die strikte Ablehnung der Freiheit des Willens, d.h. die Fähigkeit einer unbestimmten Aktivität alle Richtungen

---

[188] Spinoza, Baruch de: *Descartes` Prinzipien der Philosophie auf geometrische Weise begründet mit dem `Anhang, enthaltend metaphysische Gedanken`.* Übersetzt von Artur Buchenau, Felix Meiner Verlag, Hamburg 1978, S.113.

anweisen zu können. Diese lehnt Spinoza genauso entschieden ab wie
Giordano Bruno.[189]

4.3.2. Giordano Bruno und Gottfried Wilhelm Leibniz

Von den Philosophen, die im 17. Jahrhundert Giordano Bruno vermutlich
folgten, sticht Gottfried Wilhelm Leibniz, ein Zeitgenosse Spinozas, besonders heraus, da sein Werk über „Monadologie" eine gewisse Ähnlichkeit zu Brunos Monadenlehre aufweist. Vergleicht man die Lehren der beiden Philosophen, so lassen sich einige gemeinsame Ausgangspunkte feststellen, die beiden Lehren ähnlich, wenn auch nicht gleich sind.

Für beide ist die Monade eine metaphysische Einheit, die eine individuelle, schöpferische Kraft darstellt.[190] Beide leiten, wenn auch in einer völlig verschiedenen Art, das Prinzip der individuellen Verschiedenheiten von einer *„monas monadum"* ab. Dabei stellt die Monade ein Spiegelbild des gesamten Kosmos dar.[191] Die Zahl der Monaden ist unendlich und sie stellen keine quantitativen Größen dar. Keine ist der anderen gleich und die Welt der Wirklichkeit wird aus unzähligen monadologischen Kombinationen gebildet. So schreibt Leibniz: „Es muss jede einzelne Monade von jeder anderen verschieden sein. Denn es gibt niemals in der Natur zwei Wesen, die einander vollkommen glichen und bei denen sich nicht ein innerer oder ein auf eine innere Bestimmtheit gegründeter Unterschied entdecken ließe."[192] Für Bruno mit der Begründung, weil die Welt unendlich ist. Für Leibniz mit der Begründung, weil es für ihn im Sinne einer „prästabilierten Harmonie"[193] die vollkommenste aller Welten ist. Hier findet sich die Bruchstelle der beiden Gedankengänge. Für Bruno war die ganze Welt ein Organismus, in dem er jedem Teil, mag er auch noch so klein sein, eine Seele zuschreibt. So wie es für Bruno eine *„monas monadum"*, eine höchs-

---

[189] Vgl. Spinoza, *Anhang, enthalten metaphysische Gedanken*, 1978, S.119.
[190] Vgl. Leibniz, G.F.W.: *Vernunftsprinzipien der Natur – Monadologie*. Französich-Deutsch, 2. verbesserte Auflage, Felix Meiner Verlag, Hamburg, 1982, S.27.
[191] Vgl. ebd., S.51.
[192] Ebd., S.29.
[193] Vgl. Leibniz, *Monadologie*, S.63.

te Monade aller Monaden gibt, so gibt es für ihn auch eine Weltseele für alle Seelen. Leibniz dagegen wehrt sich mit allen Mitteln seines Verstandes gegen die Annahme einer Weltseele. Für ihn leben alle Monaden als in sich abgeschlossene Wesen in Vereinsamung. Jede erzeugt, in sich gekehrt, aus sich selbst ihre Individualität.[194] Keine Monade kann auf die andere wirken. Hierin unterscheidet sich Leibniz` Monadologie von Brunos Monade. Auch Brunos Unendlichkeitsvorstellung unterscheidet ihn von Leibniz, für den Monaden „nur durch Schöpfung entstehen"[195], sich stetig wandeln und nur „durch Vernichtung vergehen"[196] und daher auch ebenso lang wie das Universum dauern, „das zwar der Veränderung, aber nicht der Vernichtung unterliegt.[197] Brunos Monaden dagegen kennen keine Schöpfung. Sie sind ewig, zeitlos und unveränderlich. Nur endliche, körperliche Dinge unterstehen dem Gesetz physikalischer Wandlung.

In England galt Bruno in erster Linie als Anti-Aristoteliker. Anfang des 17. Jahrhunderts bildete sich um den Earl of Northhumberland, Henry Percy, ein Kreis von Wissenschaftlern, die sich auch mit Brunos Kosmologie und Methaphysik beschäftigten. Paul Blum schreibt dazu, dass offensichtlich besonders auffällige Parallelen zwischen der Theorie des Magneten von Wiliam Gilbert und Brunos Dialoge zur Kosmologie und Metaphysik bestünden.[198] Leider reichen hier nicht die Zeit und der Platz, um genauer darauf einzugehen, so dass sich der Ausblick auf die Wirkungen der Lehre Brunos auf die Nachfolgezeit auf die wichtigsten Gelehrten unterschiedlichster Epochen beschränken muss.

Brunos Weiterverbreitung in ganz Europa ist vor allen Dingen auch der Entwicklung der Geschichte zuzuschreiben. Viele Wissenschaflter und Gelehrte waren Anfang des 17. Jahrhunderts auf der Suche nach Alternativen

---

[194] Vgl. ebd., S.49.
[195] Leibniz, *Monadologie,* S.27.
[196] Ebd., S.27.
[197] Vgl. ebd., S.3.
[198] Vgl. Blum, Paul Richard: *Giordano Bruno.* Verlag C.H. Beck, München 1999, S.153.

zum scholastischen, metaphysischen Naturbegriff. Daher griff man auf Quellen zurück, wie z.b. Geheimwissenschaften, Stoizismus und Platonismus, auf die auch Bruno zurückgegriffen und die er in seiner Lehre verarbeitet hat. Viele berühmte Philosophen, wie z.b. Thomas Hobbes, René Descartes und John Locke gingen aus diesen unterschiedlichen Richtungen

4.3.3. Giordano Bruno und René Descartes

Da gewöhnlich der Beginn der modernen Philosophie bei René Descartes angesetzt wird, soll hier kurz gezeigt werden, wie er das Problem des Wissens und der Wahrheit sieht und ob diese Fragen in einer Reihe mit Brunos Lehre zu sehen sind.

Für Descartes' Philosophie ist kennzeichnend, dass er beim ersten Anfang zu beginnen sucht und deshalb sich die Frage stellt, was den Anspruch erheben kann, Grund unseres Wissens zu sein. Er kommt zu dem Schluss, dass nicht die Sinne, sondern die Erfahrung zeigt, dass diese täuschen können.[199] Alles Empfundene, Vorgestellte und Gedachte kann uns daher nach Descartes vorgetäuscht und daher kein unbezweifelbarer Grund des Wissens sein. Für ihn wird die Allmacht Gottes zum Grund für den Zweifel, ob Gott den Menschen nicht so eingerichtet haben kann, dass er sich unaufhörlich täuscht, indem er ständig Nichtseiendes für Seiendes hält. Denn, wenn Gott alles vermag, nämlich Seiendes aus dem Nichts ins Sein hervorzubringen, dann vermag er auch den Menschen dahin zu bringen, sich Nichtseiendes als seiend vorzustellen. In dem sich täuschenden Denken aber muss der Mensch selbst sein. Descartes sieht im Vollzug des Denkens und nicht in dem Gedachten die Gewissheit unseres Existierens und geht dabei von dem Satz „Ich denke, also bin ich."[200] aus. Damit rückt das Problem des Wissens und der Wahrheit in den Mittelpunkt seines philosophischen Fragens. An dieser Stelle lassen sich eindeutige Parallelen zu Bruno ziehen, der ebenso darauf hinweist, dass die Sinne täuschen und fordert, das höchs-

---

[199] Vgl. Descartes, René: *Discours de la Méthode – Von der Methode des richtigen Vernunftgebrauchs und der wissenschaftlichen Forschung.* Übersetzt und herausgegeben von Lüder Gäbe, Felix Meiner Verlag, Hamburg 1960, S.31.

[200] Ebd., S.55.

te Ziel mit der Vernunft zu erfassen: „Denn wir sehen auch die Wirkungen nicht wirklich und nicht die wahre Gestalt der Dinge oder die Substanz der Ideen, sondern nur der Schatten und Abbilder (...)."[201]

Burghardt Schmidt schreibt dazu: „Man kann im gewissen Sinne sagen, Bruno war der riesige Vorgriff, der von Descartes erst mal voller Schreck zurückgenommen wurde."[202]

Als Giordano Brunos Werke in Italien 1603 offiziell auf den päpstlichen Index gesetzt wurden, verschwanden seine Bücher fast völlig vom Markt und gehörten von da an zu den höchstbezahlten Raritäten des Buchhandels. Der erste, der in Deutschland versuchte auf Bruno aufmerksam zu machen, war der Göttinger Philologe Christian August Heumann, der 1718 unter dem Titel *„Jordanus Brunus Unschuld in puncto Atheisterei"* schrieb und ihn als Märtyrer und heiligen Mann bezeichnete. 1744 taucht Bruno bei Johann Jacob Bruckers ausführlich dargestellter Philosophiegeschichte mit dem Titel *„Historica critica philosophiae"* (1742-1744) auf, in welcher Giordano Bruno als Initiator der neuzeitlichen Philosophie und als ihr erster Reformator dargestellt wird. Die Ansichten Bruckers, dessen Werk eines der führenden philosophischen Geschichtsbücher des 18. Jahrhunderts darstellt, wirkten tief bis ins 19. Jahrhundert hinein, so dass selbst Georg Wilhelm Friedrich Hegel (1770-1831) in seinen „Vorlesungen über die Geschichte der Philosophie" (1829-1830) sich in einem Kapitel über Bruno darauf bezieht.[203] Schließlich veröffentlichte Friedrich Heinrich Jacobi 1789 in einer Schrift über Spinoza erstmals Auszüge aus Brunos „Über die Ursache, das Prinzip und das Eine" in deutscher Übersetzung mit der Absicht, anhand Brunos Schriften zu beweisen, dass Gotthold Ephraim Lessing (1729-1781) ein Spinozist und Pantheist gewesen sei.[204] Somit kam es

---

[201] Bruno, *Eroici furori*. In: Kuhlenbeck, *Gesammelte Werke*, Bd.5, 1907, S.213.

[202] Schmidt, Burghart: *Zeitökonomie und Individualismus – Giordano Bruno und die Folgen*. Vortrag im Rahmen des Symposions Europäische Vektoren – Interaktive Zeiträume, http://thing.at/ejournal/essay/schmigb.html, Wien 1995, S.3.

[203] Vgl. Hegel, G.W.F.: *Vorlesungen über die Geschichte der Philosophie III*. Suhrkamp Taschenbuch Verlag, Frankfurt a.M., 1971, S.22-39.

[204] Vgl. Jacobi, Friedrich Heinrich: *Über die Lehre des Spinoza in Briefen an den Herrn Moses Mendelssohn*. Felix Meiner Verlag, Hamburg 2000, S.195-220.

dazu, dass Bruno zum Prüfstein philosophischer Diskussionen innerhalb der deutschen protestantischen Aufklärung wurde, an der auch Johann Gottfried Herder (1744-1803) und Johann Wolfgang von Goethe (1749-1832) beteiligt waren, ihm ein fester Platz unter den führenden Philosophen der Neuzeit gesichert war und „Bruno einen posthumanen Triumph gerade in jenem Deutschland, in dem fünf Jahre seines Lebens verbracht hatte"[205], erlebte.

4.3.4. Giordano Bruno und Johann Wolfgang von Goethe

4.3.4.1. Goethes entelechische Monade:

Der Begriff der Entelechie, der schon bei Leibniz auftaucht[206], findet sich bei Goethe verstärkt wieder.[207] Goethe greift hier einen von Aristoteles geprägten Begriff auf, der eine Form, welche die dem Organismus innewohnende zur Vollendung treibende Kraft bezeichnet. Das Wesentliche ist dabei, dass das Ziel des Wirkens in ihr enthalten ist. Goethe benutzt diesen Begriff, um das Potential, das in der Monade vorhanden ist, zu erläutern und schreibt dazu: „Jede Monas ist eine Entelechie, die unter gewissen Bedingungen zur Erscheinung kommt."[208] Da der Begriff auch bei Leibniz Verwendung findet, sehen viele Goetheforscher nicht Bruno, sondern lediglich Leibniz als richtungsweisend für Goethes Vorstellung von der Monade. Hinzu kommt, dass es keine Belegstellen gibt, in denen sich Goethe über den Begriff Monade oder, was bei ihm gleichbedeutend ist, Entelechie äußert und Giordano Brunos Namen erwähnt. Vergleicht man jedoch die Monadenlehren der Philosophen, so lassen sich eindeutige Analogien zwischen Bruno und Goethe festmachen, die zu Leibniz nicht vorhanden sind. Für Goethe war die Monade die Intention auf eine Idee, in der sich das

---

[205] Verrecchia, Anacleto: *Giordano Bruno – Nachtfalter des Geistes.* Böhlau Verlag, Böhlau 1999, S.12.
[206] Vgl. Leibniz, *Monadologie,* 1982, S.33.
[207] Vgl. Goethe, Johann Wolfgang von: *Maximen und Reflexionen.* In: Trunz, Erich (Hrsg.): *Goethes Werke Band XII. Schriften zur Kunst, Schriften zur Literatur, Maximen und Reflexionen.* 10. Auflage, Verlag C.H. Beck, München, 1982, S.371.
[208] Ebd., S.371.

Prinzip des Lebens, bzw. die „Grundeigenschaft der lebendigen Einheit"[209] verbarg. Der Gedanke einer völlig isolierten Monade, wie sie sich bei Leibniz finden lässt, war sowohl Bruno als auch Goethe fremd. Wie für Bruno stellt auch für Goethe die Welt eine Einheit dar. Eine der tiefsten Überzeugungen Goethes ist, dass Gott sich nie wandelt und nicht in einer Außenwelt schwebt. Dazu schreibt er: „Kepler sagte: ‚Mein höchster Wunsch ist, den Gott, den ich im Äußern überall finde, auch innerlich meiner gleichermaßen gewahr zu werden.' Der edle Mann fühlte, sich nicht bewusst, dass eben in dem Augenblicke das Göttliche in ihm mit dem Göttlichen des Universums in genauster Verbindung stand."[210] Diese Vorstellung teilt auch Giordano Bruno, aber nicht Leibniz.

Die dokumentarischen Belegstellen, in denen Goethe Bruno aufgreift, sind sehr zahlreich. Da hier nur ein kurzer Einblick gegeben werden soll, beschränkt sich die Arbeit auf die wichtigsten Quellen. Goethe erwähnt Bruno sehr oft in seinen Briefen und Tagebüchern, doch auch in seinen Werken lassen sich eindeutige Hinweise und Analogien zu Bruno feststellen. Goethes Gedicht „Gott und Welt" zeigt deutlich, dass es den gleichen Grundgedanken beinhaltet wie Brunos Werk „*De immenso, innumerabilibus et infigurabili*":

Goethe: *Was wär' ein Gott, der nur von außen stieße,*
Im Kreis das All am Finger laufen ließe!
Ihm ziemts, die Welt im Innern zu bewegen,
Natur in sich, sich in Natur zu hegen,
So dass, was in Ihm lebt und webt und ist,
Nie seine Kraft, nie seinen Geist vermisst.[211]

Bruno: *Es gibt keine göttliche Intelligenz, die außerhalb der Welt rotiert und*
ihre Kreise zieht, denn es wäre würdiger, wenn sie einem inneren Be-

---

[209] Goethe, *Maximen und Reflexionen*. In: Trunz, *Goethes Werke Band XII.*,1982, S.367.
[210] Ebd., S.365.
[211] Goethe, *Gott und Welt*. In: Trunz, *Goethes Werke Band I. Gedichte und Epen I.*, 1982, S.357.

wegungsprinzip unterworfen wäre, so dass wir eine eigene Natur, eine eigene Vorstellung und eine eigene Seele besitzen, welche ebenso sehr in jenem Innersten, wie auch im Körper leben und hierzu im Allgemeinen des Geistes, des Körpers, der Seele der Natur und der Beseelung gegenwärtig sind.[212]

Hier führen Bruno wie Goethe den Gedanken aus, dass es der Allmacht Gottes lästern würde, anzunehmen, eine transzendentale Macht lasse das All gleichsam wie ein Spielzeug im Kreis herumlaufen. „Es ist ein gleicher Glaube in beiden Denkern, dass die Gottheit nicht von außen dem Treiben und der Bewegung des Weltorganismus zusieht; (...) das Wesen der Gottheit selbst ist vielmehr eingeschmolzen in den dynamischen Fluss von Werden und Vergehen."[213]

4.3.4.2. Goethes Faust:

Kein Werk Goethes trägt jedoch so viele Spuren des Lebens und der Lehre Giordano Brunos als Goethes dramatisches Gedicht „Faust". Vergleicht man den zweiten Teil Faust mit dem Leben Brunos lassen sich zahlreiche Analogien feststellen, die darauf schließen lassen, dass Goethe Bruno als Vorlage benutzt hat. Wie Bruno durchwandert Faust im zweiten Teil die Welt, ist Gelehrter und Magier an den Höfen mächtiger Fürsten und verfasst Traktate über Magie und das Geheimnis der Zahlen. Goethe vereint dabei Poesie und Metaphysik, kosmische und natürliche Aspekte des Universums. Hier trifft sich Goethes Dichten und Denken mit der Weltidee Giordano Brunos. Goethe bringt seine Überzeugung von der Einheit zum Ausdruck, dass nichts Sinnliches begriffen werden kann, wenn man nicht erkennt, dass sich die Welt dem Suchenden nur ergibt, wenn sie in ihrer Ganzheit erlebt wird. Nur in dem eigenen Ich findet sich der Weg zur Einheit. Dieser fundamentale Gedanke war auch das Credo von Giordano Bruno.

---

[212] Bruno, *De immenso*. In: Bruni Volani, *Opera Latine Conscripta. Vol.I.-ParsI.*, 1962, S.242.

[213] Saenger, *Goethe und Giordano Bruno*, 1930, S.107.

Die bekannten Goethschen Worte des Doktor Faustus „Zwei Seelen wohnen, ach! in meiner Brust (...)"[214] erinnern nur zu sehr an Giordano Brunos Aussage: „Es sind zwei Seelen in uns, zwei Dämonen, zwei Genien, zwei Gesetze, zwei gegensätzliche Triebe, die den zwei aufnehmenden Potenzen, nämlich Sinn und Vernunft, folgen. Der eine Trieb ist sinnlich und tierhaft, der andere verständig oder vernünftig."[215] Giordano Bruno kennt die innerliche Spaltung genauso gut wie Faust. Werner Saenger schreibt dazu: „Die ursprüngliche Sehnsucht der Seele nach Vereinbarung mit der Gottheit bleibt beiden gemeinsam; sie ist der Sinn im Leben Brunos und des heroischen Schwärmers, wie in dem Fausts und schließlich auch Goethes."[216]

Goethes Motiv des Doktor Faustus, der gequält wird von einem unendlichen Streben sich der unendlichen Gottheit zu nähern, diese aber nie zu erreichen, erinnert an Brunos Werk „Von den heroischen Leidenschaften", in welchem er mythographisch im Bild des heroischen Schwärmers Aktaion[217] den „Wahrheitsjäger" darstellt, der sich selbst auf die Gottheit hin übersteigt, bis dahin, dass er nach der Schau des Göttlichen von den eigenen Jagdhunden, nämlich Verstand und Wille, zerrissen wird.[218] Hierin zeigt sich deutlich die gleichartige Geistesrichtung Brunos und Goethes, die beide nach der Unendlichkeit streben.

4.3.4.3. Goethes Naturphilosophie:

Eine der zentralen Theorien in Goethes Werk ist seine Metamorphosenlehre. Ein Prinzip, das er dabei ausführlich behandelt, findet sich bereits bei Bruno, der Geburt und Tod, Entstehen und Vergehen als ein Ausdehnen

---

[214] Goethe, Johann Wolfgang von: *Faust. Der Tragödie erster Teil*. Ernst Klett Schulbuchverlag, Stuttgart 1981, S.35.

[215] Bruno, *Über die Monas, die Zahl und die Figur*. In: Samsonow, *Giordano Bruno*, 1999, S.37.

[216] Saenger, *Goethe und Giordano Bruno*, 1930, S.107.

[217] Aktaion-Mythos: Aktaion hatte seine Göttin Artemis beim Baden belauscht und überrascht und war von ihr in einen Hirsch verwandelt worden, den seine eigenen Hunde zerrissen.

[218] Vgl. Bruno, *Eroici furori*. In: Kuhlenbeck, *Gesammelte Werke*, Bd.5, 1907, S.69ff.

und Zusammenziehen der Monade beschreibt. Dies ist eines der Prinzipien, das auch Goethe organischen Prozessen zugrundelegt. In Anlehnung an Aristoteles' Entelechie-Begriff sieht er in den äußeren Formen und Gestalten eine innere Gesetzmäßigkeit. Die Entwicklung von Organismen durch bloße Kausalität ist für Goethe genauso abwegig wie für Bruno.

Eine bemerkenswerte Ähnlichkeit in den Denkmodellen lässt sich hinsichtlich der Erkenntnisvorstellung feststellen. Bruno sieht die universelle Vernunft als die Erzeugerin des Weltalls an, die die Materie formt und von innen heraus gestaltet. Er beschreibt sie als Ursache alles Bestehenden, die an jedem Wesen Anteil nimmt. Auch Goethe bekundet diese Auffassung und auch Brunos Ansicht, dass es nicht genügt, die Dinge lediglich mit den Sinnen wahrzunehmen. Beide sind der Überzeugung, dass die Sinne nicht ausreichen, um den Zusammenhang der einzelnen wahrgenommenen Teile mit dem Ganzen zu begreifen.[219] Die Vernunft bietet dazu den Hintergrund. Goethe fordert deshalb, dass wir das Ding mit den Augen des Geistes schauen. Die Formel für diese Auffassung fand Goethe mit großer Wahrscheinlichkeit bei Brunos metaphysischem Hauptwerk „Über die Ursache, das Prinzip und das Eine".[220] Wie Bruno, so unterscheidet auch Goethe zwischen Verstand und Vernunft. Der Verstand stellt dabei eine diskursive Kraft dar, die analysiert und beurteilt. Die Vernunft dagegen ist es, in welcher das Bewusstsein des menschlichen Geistes mit der schöpferischen Weltseele in Einheit ihren Grund findet und den Menschen zu einer intellektuellen Anschauung führt. So schreibt Werner Saenger: „Beide glauben an eine letzte Einheit der menschlichen Seele mit der universalen Gottheit, welche in sich alles Sein umfasst."[221] Damit ist auch beiden Denkern gemeinsam, dass sie sich gegen Aristoteles wenden, denn während Aristoteles von den ursprünglich bestehenden Gegensätzen ausgeht, glauben Bruno wie Goethe an eine ursprüngliche Einheit.

---

[219] Vgl. ebd., S.213.
[220] Vgl. Bruno, *Über die Ursache, das Prinzip und das Eine*. In: Samsonow, *Giordano Bruno*, 1999, S.425.
[221] Saenger, *Goethe und Giordano Bruno*, 1930, S.241.

Da es hier lediglich um eine Rückverbindung zu Bruno geht, kann eine weitausladende Analyse des Werkes Goethe nicht durchgeführt werden. Zusammenfassend lässt sich sagen, dass die gemeinsamen Berührungspunkte nicht nur in der Auffassung der Organismen zu finden sind, sondern in dem Gedanken, dass der Mensch seine Stellung im Universum erst als denkendes Wesen gewinnen kann. Ein Problem, das von Giordano Bruno mit der gleichen Intensität wie von Goethe in seinen Weltbildvorstellungen aufgegriffen wird. In einem gewissen Sinn enthält das Werk Goethes eine unbewusste Weiterentwicklung der Denkansätze Brunos. Dabei ist jedoch nicht zu vergessen, dass die Jahrhunderte, die zwischen Bruno und Goethe liegen, es Goethe ermöglichten seine Grundeinstellung differenzierter darzustellen, was Bruno noch versagt geblieben ist. Beide sind allein aus ihrer Zeit heraus zu verstehen und zu werten.

4.3.5. Giordano Bruno und der deutsche Idealismus

In einer zunehmenden Distanzierung vom offiziellen Christentum, wie sie am Ende des 18. Jahrhunderts zunehmend zu beobachten ist, wandte sich auch Friedrich Wilhelm Josef Schelling (1775-1854) Giordano Bruno zu. Mit Schelling tauchte Giordano Bruno auch in einer der Hauptströmungen der Philosophie auf, nämlich dem deutschen Idealismus. 1802 veröffentlichte Schelling einen Dialog über Bruno, um zu zeigen, dass der Pantheismus nur eine vorübergehende Phase der Entwicklung des Denkens ist, die schließlich von der Identität überwunden wird. Schelling arbeitete an einem System, das eine Vereinigung seiner Natur- und Transzendentalphilosophie werden und durch eine so genannte Identitätsphilosophie eine vertiefte Begründung erfahren sollte.[222] In seiner Schrift über Bruno schildert er seine Gedankengänge dazu, befruchtet von den Gedankengängen Brunos und in starker Anlehnung an das Werk „Über die Ursache, das Prinzip und

---

[222] Vgl. Hartkopf, Werner: *Die Dialektik in Schellings Transzendental- und Identitätsphilosophie – Studien zur Entwicklung der modernen Dialektik III*. Verlag Anton Hain, Meisenheim am Glan 1975, S.1.

das Eine".²²³ Das Werk ist verfasst als Gespräch zwischen Anselmo, der Leibniz personifiziert, Lucian, der Fichtes Ansichten vertritt und Bruno, unter dessen Namen Schelling selbst auftritt. Schelling hebt sich darin jedoch weit über die Schwelle der Philosophie Brunos hinaus, führt die Gedankengänge Brunos weiter und untersucht die Beziehungen des Endlichen zum Unendlichen mit den Mitteln der Wissenschaft seiner Zeit. So behandelt er u.a., wie sich das Endliche in Unendliches auflöst und lehrt, die Einheit für jeden Punkt des Universums zu bestimmen und die Natur in Gott und Gott in der Natur zu sehen.²²⁴

Mit Schelling bildete Giordano Bruno einen gewissen Höhepunkt in seiner Nachwirkungszeit und leitete die Periode der ersten Hälfte des 19. Jahrhunderts ein. So wandelte sich das Bruno-Bild immer weiter vom Häretiker über den Lullisten bis zum Pantheisten und Dialektiker der Gegensätze.

4.3.6. Giordano Bruno und die italienische Renaissanceforschung

Erst relativ spät, nämlich Mitte des 19. Jahrhunderts, begann sich schließlich auch sein Heimatland Italien, nachdem 1830 und 1836 die italienischen und lateinischen Schriften Brunos gesammelt von den zwei deutschen Gelehrten August Wagner und August Friedrich Gfrörer herausgegeben worden waren, auf den Philosophen zu besinnen.

Die von Hegel beeinflussten Philosophen Bertrando Sparenta, Benedetto Croce und später Giovanni Gentile versuchten den Heglianismus zur italienischen Nationalphilosophie zu erheben, indem sie versuchten Giordano Bruno als Vorläufer des deutschen Hegels zu bestimmen. Dieses Denken beeinflußte die italienische Renaissanceforschung bis ins 20. Jahrhundert. Schließlich wurde Bruno auch 1889 auf dem *Campo de Fiori* von antiklerikalen Gruppen ein Denkmal errichtet, das auf einem Relief am Sockel die

---

²²³ Schelling, Friedrich Wilhelm Josef: *Bruno oder über das göttliche und natürliche Prinzip der Dinge*. Herausgegeben von Christian Herrmann, Felix Meiner Verlag, Hamburg 1954.

²²⁴ Vgl. Schelling, *Bruno oder über das göttliche und natürliche Prinzip der Dinge*, 1954, S.47.

Verbrennung Giordano Brunos auf dem Scheiterhaufen der römischen Inquisition zeigt und die sich auf einer Tafel am Fuße des Denkmals als „Das Jahrhundert, das er vorhergesehen hat" bezeichneten.

4.3.7. Giordano Bruno und das 20. Jahrhundert

Bedenkt man, dass der italienische Philosoph als Denker der Renaissance Fragen aufwarf, die bis heute aktuell sind, so kann es nicht verwundern, dass sein Name, trotz der Indizierung seiner Schriften, immer wieder in der Philosophiegeschichte auftauchte und immer wieder auf ihn Bezug genommen wurde.

In Deutschland veröffentlichte 1904-1909 der Diederichs-Verlag eine sechsbändige Ausgabe „Gesammelte Werke" in der Übersetzung von Ludwig Kuhlenbeck. Die auch größtenteils in dieser Arbeit verwendete Übersetzung enthält außer den italienischen Dialogen auch die Inquisitionsakten und ist für einige Texte immer noch die einzige deutsche Übersetzung. Ludwig Kuhlenbeck stand einer Vereinigung von Freidenkern nahe, die aus einem Giordano Bruno-Bund hervorgingen, der von Ernst Haeckel am 17. Februar 1900 anlässlich der dreihundertjährigen Wiederkehr von Giordano Brunos Tod gegründet wurde. Dem Bund gehörten u.a. Goetheforscher, Schriftsteller und freireligiöse Prediger an, die in Giordano Bruno in erster Linie einen Märtyrer der Gedankenfreiheit sahen.

Als Philosoph, der an der Schwelle der Moderne stand und dessen Philosophie den Beginn der Neuzeit einleitete, so interpretierte Hans Blumenberg Giordano Bruno, indem er einen Vergleich zwischen Nikolaus von Kues und Giordano Bruno vornahm.[225] Beide markieren für Bumenberg die „Epochenschwelle". Ein neues Bruno-Bild entwickelte 1964 die englische Privatgelehrte Frances A. Yates mit ihrem Buch *„Giordano Bruno and the Hermetic Tradition"*, die zu dem Schluss kam, dass der Hermetismus und die Magie die entscheidenden Elemente in Brunos Lehre gewesen seien.[226]

---

[225] Vgl. Blumenberg, *Aspekte der Epochenschwelle,* 1976, S.20.
[226] Vgl. Yates, Frances A.: *Giordano Bruno in der englischen Renaissance.* Verlag Klaus Wagenbach, Berlin 1989, S.11.

So vereint Bruno den Ketzer und Häretiker, den Anti-Aristoteliker, den Kopenikaner und Mnemotechniker, den Erben der mittelalterlichen Scholastik, als auch den Vorläufer der neuzeitlichen Subjektivitätsphilosophie, bis hin zum Magier alles in einer Person.

In Hinsicht auf die Auswirkungen Brunos Gedankengänge auf seine Nachfolgezeit lässt sich mit diesem Abschnitt in keiner Weise Anspruch auf Vollständigkeit erheben. Dennoch kann man zusammengefasst sagen, dass all die angeführten Philosophen im Ganzen von Bruno sehr verschieden sind, und in gleichem Maße, in welchem sich gleichartige Überzeugungen nachweisen lassen, lassen sich auch sehr viel verschiedenartige aufdecken. Es zeigt sich aber deutlich, dass eine Vielzahl Giordano Brunos Ideen lebendig blieben, sich fortsetzten und weiterbildeten. Brunos Philosophie enthält eine Vielzahl keimkräftiger Ideen der späteren Zeit, die jedoch für den heutigen Leser oft von einer Menge überkommener Ansichten und Gedanken umgeben sind. Diese entsprechen aber den Zeitbedingungen seines Schaffens. Dass er an der Schwelle zu einer neuen Zeit stand und seine Gedanken die Nachfolgezeit beeinflussten, lässt sich aber nicht bestreiten.

4.3.8. Zusammenfassung

Die Meinungen der Gelehrten über das Gesamtwerk von Giordano Bruno und seine Bedeutung bis in unsere heutige Zeit stehen sich oft diametral gegenüber. Viele lehnen überhaupt ab Bruno als einen ernst zu nehmenden Philosophen anzuerkennen. Ein Teil versucht ihn als schwärmerischen Mystiker abzufertigen. Doch es gibt auch eine große Zahl von ernst zu nehmenden Wissenschaftlern, wie zu zeigen versucht wurde, die Brunos Geltung in der Geschichte des menschlichen Wissens nicht bestreiten. Giordano Bruno ist für Viele ein Märtyrer der modernen Wissenschaft. Betrachtet man Wissenschaft nicht im Sinne der strengen Definition, sondern als freies Denken, so kann man Bruno durchaus als Märtyrer bezeichnen, da er gerade für dieses freie Denken sein Leben ließ. Damit eröffnete Brunos Tod erst das erste Jahrhundert der modernen Wissenschaft. In Giordano Bruno, den Thomas Sören Hoffmann als einen der „Heroen des Fortschritts"[227] bezeichnet, vereinen sich Abschluss und Neubeginn eines Zeitalters zugleich.

---

[227] Hoffmann, *Giordano Bruno*. In: Hogrebe, *Philosophische Vorträge und Studien,* 2000, S.6.

5. SCHLUSS: MODERNE HÄRESIE

Jesus: „Selig, wer an mir keinen Anstoß nimmt." [228]

Am Beginn der christlichen Glaubensgemeinschaft steht Jesus, der Stifter der christlichen Kirche, der vom höchsten Gericht des religiösen Judentums als Pseudoprophet, Ketzer und Gotteslästerer verurteilt wurde. Jesus war für sie ein weltfremder Idealist und Träumer, dessen Reich-Gottes-Visionen unrealisierbar erschienen. Als die amtlichen Stellen des religiösen Judentums, an ihrer Spitze der höchste geistliche Gerichtshof Israels, das Große Synedrium, gehört hatten, dass der Mann aus Nazareth sich zunehmend in verschärfte Konflikte mit der Thora, den fünf Büchern Mose, verwickelte, wurde er zum ärgerniserregenden Problemfall. Jede Form der Auflehnung gegen die Thora galt als Ketzerei, die mit den härtesten Strafen bis hin zur Strafe der Steinigung belegt war. Als knapp dreißigjähriger stand Jesus als Angeklagter vor dem höchsten jüdischen Religionsgericht und wurde einstimmig als Ketzer und Gotteslästerer zum Tode verurteilt.

Der gekreuzigte Jesus bildet den Anfang der Geschichte eines neuen Glaubens und einer neuen Glaubensgemeinschaft, die immer wieder durch Ketzer in Unruhe und Aufregung versetzt wurde. Der Blick auf die Geschichte der Unterdrückung des freien Denkens und Glaubens durch die Kirche ist deshalb auch heute noch notwendig. Inquisition und Christentum, seelischer sowie physischer Terror und Religion der Liebe, das sind – vom Ursprung und Anspruch des Christentums her gesehen – einander ausschließende Gegensätze. Das Recht auf die Anwendung äußeren Zwanges, auf den Besitz und die Handhabung der Strafgewalt, hat die katholische Kirche bis heute im Grunde genommen nicht aufgegeben. Es ist immer noch nach wie vor in ihrem Gesetzbuch, *dem Codex juris canonici,* verankert. Die päpstliche Inquisition stellt in der Geschichte die langlebigste von allen dar. Erst im Jahre 1965 wurde sie von Papst Paul VI. reorganisiert und in eine „Kongregation für die Glaubenslehre" umgewandelt. Doch ge-

---

[228] Mt. 11,6.

genüber den früheren Jahrhunderten hat sich die Situation des Ketzers in der Neuzeit grundsätzlich gewandelt. Nicht mehr einzelne Menschen werden wegen ihren abweichenden religiösen Anschauungen aus der Kirche ausgestoßen, sondern in breiten Massen wenden sie sich freiwillig von ihr ab. Der Ausbruch aus dem kirchlichen Gehäuse ist zu einem allgemeinen Phänomen geworden, und es ist in den meisten Fällen nicht so sehr durch eine religiöse Ursache, als vielmehr durch eine veränderte Bewusstseinslage der modernen Zeit bedingt. Von Jahr zu Jahr nimmt die Zahl der Christen zu, die sich im Schoße der Kirche nicht mehr verstanden oder geborgen fühlen. Der allgemeine Ausbruch aus den Kirchen hat solche Formen angenommen, dass er beinahe eine Auflösung des Ketzerbegriffes zur Folge hat. Für den neuzeitlichen Menschen ist die Auflehnung gegen die Autorität charakteristisch. Sich keinem geistigen Machtanspruch, der von außen kommt, zu beugen, ist eines der wesentlichen Kennzeichen moderner Häresie. An Stelle der Autorität ist die Autonomie getreten, die sich aus dem modernen Leben nicht mehr wegdenken lässt. Bemerkenswert ist die Wahrnehmung, dass alle jene Bestrebungen, in denen sich ein modernes Lebensgefühl manifestiert, von hauptsächlich katholischer Seite aus als häretisch verurteilt wurden. Diese schroffe Ablehnung des neuzeitlichen Bewusstseins als Ketzerei durch die Päpste hat viel zur Vergrößerung der Kluft von Kirche und modernem Menschen beigetragen. Die Emanzipation von der Autorität als Thema der neueren Geschichte ist nur eine andere Formulierung für das Postulat der Freiheit, das für den modernen Menschen wesentlich ist.

Die Inquisition ist auch heute noch weltweit ein Thema, denn man sollte nicht außer Acht lassen, dass nicht nur das Phänomen in der römisch-katholischen Kirche, für das sich dieser Ausdruck eingebürgert hat, darunter zu verstehen sein sollte, sondern auch alle Vorkommnisse, wo wegen abweichender Gedanken verfolgende Gewalt angewendet wird. Felix Hammer schreibt dazu: „(...)Menschenwürde verlangt Überzeugung statt Gewalt(...)".[229] Vielleicht stehen heute verfolgte Andersgläubige und Ketzer, wie Giordano Bruno, die wegen ihren Ansichten mit dem Leben bezah-

---

[229] Hammer, *Lebensregeln der Renaissance neu bedacht*, 1985, S.159.

len mussten und deren Glaubensgeschichte häufig eine Passionsgeschichte ist, dem „Ketzer" Jesus näher als man es anzunehmen wagt.

GIORDANO BRUNO – ZEITTAFEL

1548   Giordano Bruno wird in Nola bei Neapel geboren. Seine Eltern, Fraulissa Savolina und Giovanni Bruno, taufen ihn auf den Namen Filippo.

1558   Im Alter von etwa zehn Jahren schicken die Eltern den jungen Bruno auf die städtische Lateinschule in Nola. Dort lernt er Lesen, Schreiben und Latein.

1562   Bruno beginnt in Neapel das Studium der freien Künste, d.h. er wird unterrichtet in Grammatik, Dialektik und Logik. Zudem erwirbt er die Grundlagen der Kosmologie, Mnemonik und Geometrie, die er später in seinen Werken weiterentwickelt und ausbaut.

1565   Am 15. Juni tritt der siebzehnjährige Bruno dem Orden der Dominikaner bei. Er nennt sich fortan Giordano.

1566   Bruno wird zum ersten Mal wegen Ketzerei angeklagt, weil er gegen den Beschluss über Verehrung der Heiligen und der Heiligen Bilder des Konzils von Trient verstößt. Der Prozess wird jedoch wieder eingestellt, weil der Ankläger die Anklageschrift öffentlich zerreißt.

1572   Bruno erhält die Priesterweihe und beginnt an der ordenseigenen Hochschule der Dominikaner in Neapel Theologie zu studieren.

1575   Bruno beendet sein Theologiestudium mit einer Arbeit über Thomas von Aquin und der Promotion zum doctor theologiae.

1576   Bruno wird zum zweiten Mal der Ketzerei angeklagt. Er verlässt Neapel und reist nach Rom, um sich zu rechtfertigen. Die Anklageschrift gegen ihn umfasst jedoch 130 Artikel. Bruno wird verhaftet und eingekerkert, doch kurze Zeit später gelingt ihm die Flucht.

1577	Es folgen lange Jahre des Wanderlebens, in denen Bruno seinen Lebensunterhalt hauptsächlich durch private Vorlesungen bestreitet.
1579	Nach Aufenthalten u.a. in Padua, Mailand, Turin und Lyon, reist Bruno schließlich nach Genf, wo er sich an der Universität einschreibt. Aufgrund einer philosophischen Streitschrift wird er jedoch vom Stadtrat verhaftet, so dass er Genf verlassen muss und nach Toulouse weiterreist.
1580	In Toulouse erhält Bruno den Lehrstuhl für Philosophie an der Universität. Er hält Vorlesungen über Aristoteles und die Gedächtniskunst des Raimundus Lullus.
1582	Bruno verlässt Toulouse und reist nach Paris. Er hält private Vorlesungen über die Gedächtniskunst und zieht die Aufmerksamkeit König Heinrichs III. auf sich. Er veröffentlicht die mnemotechnischen Schriften *De umbris idearum* (Von den Schatten der Ideen) und *Ars memoria* (Gedächtniskunst), sowie die Komödie *Il Candelaio* (Der Kerzenmacher). König Heinrich III. ernennt Bruno zum Professor und er erhält einen Lehrstuhl am Collège Royale.
1583	Bruno reist nach England und verweilt bis 1585 am Hofe der französischen Botschaft in London. In dieser Zeit verfasst er seine Hauptwerke, die ihn berühmt machen.
1584	Bruno veröffentlicht die Werke *La cena de le ceneri* (Das Aschermittwochsmahl), *De la causa, principio et uno* (Von der Ursache, dem Prinzip und dem Einen), *De l'infinito, universo et mondo* (Vom Unendlichen, dem All und den Welten) und *Spaccio de la bestia trionfante* (Die Vertreibung der triumphierenden Bestie).
1585	Bruno veröffentlicht zwei weitere Werke mit den Titeln *Cabala del cavallo pegas*eo (Die Kabbala des Pegasus mit der Zugabe des Kyllenischen Esels) und *De gli eroici furori* (Die heroischen Leidenschaften). Der französische Botschafter, mit dem Bruno

nach London gereist war, wird abberufen und Bruno kehrt mit ihm nach Paris zurück.

1586 Bruno beschäftigt sich mit Mathematik und Geometrie und verfasst 120 Thesen, in denen er die Naturphilosophie des Aristoteles angreift. Die öffentliche Verteidigung der Thesen ruft einen Skandal hervor, so dass Bruno Paris verlassen muss. Über Umwege gelangt er schließlich nach Wittenberg, wo er erneut Vorlesungen über Aristoteles hält. Er veröffentlicht weitere Schriften über Logik, sowie über die Gedächtniskunst des Raimundus Lullus.

1588 Die zunehmenden Auseinandersetzungen zwischen Calvinisten und Lutheranern an der Universität Wittenberg, veranlassen Bruno, die Stadt zu verlassen. Er reist nach Prag, um dort die Gunst des Kaisers Rudolf II. zu erlangen. Der Versuch an der Universität Prag einen Lehrauftrag zu erhalten scheitert jedoch, so dass Bruno nach Helmstedt weiterzieht. Dort unterrichtet Bruno an der neugegründeten Universität und arbeitet an der Schrift *De magia* (Über die Magie), sowie an lateinischen Lehrgedichten.

1590 Bruno geht nach Frankfurt am Main, um dort bei Johannes Wechel die Verlegung mehrerer Schriften in Auftrag zu geben.

1591 Bruno veröffentlicht bei Wechel die Werke *De triplici minimo et mensura* (Vom dreifach Kleinsten und vom Maß), *De innumerabilibus, immenso et infigurabili* (Vom Unzählbaren, Unermesslichen und Unvorstellbaren) und *De monade numero et figura* (Von der Monas, der Zahl und der Figur). Im Herbst erhält Bruno eine Einladung nach Venedig, um dort den reichen Kaufmann Giovanni Mocenigo in der Gedächtniskunst zu unterrichten. Bruno verlässt Frankfurt und zieht sofort nach Venedig.

1592 Am 22. Mai wird Bruno von Mocenigo gefangen genommen und bei der venezianischen Inquisition angezeigt. Drei Tage später wird offiziell der Prozess gegen Giordano Bruno eröffnet, der in 20 Punkten der Ketzerei angeklagt ist. Im September for-

	dert das *Sanctum Officium* im Namen des Papstes die Auslieferung Brunos an Rom.
1593	Am 17. Januar wird Bruno durch den venezianischen Senat an den Kirchenstaat ausgeliefert. Im Dezember kommt es zum ersten Verhör Giordano Brunos vor der römischen Inquisition.
1594	Es folgen zahlreiche weitere Verhöre. In einem Schreiben an die Inquisition weist Bruno alle Anschuldigungen von sich.
1595	Die Inquisition gibt den Befehl, alle erschienen Werke Brunos einer Untersuchung zu unterziehen und ihn dazu zu befragen.
1597	Am 24. März legt das Heilige Amt Bruno eine Anklageschrift vor und fordert ihn auf, seine Äußerungen über die unzähligen Welten zu widerrufen.
1598	Die Prozedur des Verhörs wird mehrere Male ohne Erfolg wiederholt.
1599	Am 14. Januar legt die römische Inquisition Bruno acht Lehrsätze aus seinen Werken vor, damit er diese als ketzerisch abschwört. Trotz Weigerung gewährt ihm die Inquisition Bedenkzeit. Im August wird eine von Bruno verfasste Verteidigungsschrift von der Inquisition abgelehnt. Im Oktober wird er erneut verhört und erklärt, dass er nichts zu widerrufen hat.
1600	Im Januar wird Papst Clemens VIII. über die erfolglosen Bemühungen, Giordano Bruno zur Einsicht zu bringen, unterrichtet. Am 8. Februar kommt er zur Urteilsverlesung durch die Inquisition und Bruno wird der weltlichen Macht übergeben. Giordano Bruno wird schließlich am 17. Februar auf dem *Campo di Fiore* lebendig auf dem Scheiterhaufen verbrannt.

LITERATURVERZEICHNIS

I. Giordano Bruno – Originalausgaben:

Bruno, Giordano: *Il Candelaio*. Herausgegeben von Giorgio Bàberi, Squarotti, Einaudi Verlag, Toronto 1964.

Bruni Volani, Jordani: *Opera Latine Conscripta*. 3 Bände in 8 Teilen, Friedrich Frommann Verlag, Stuttgart-Bad Cannstatt 1962.

II. Giordano Bruno – Deutsche Übersetzungen:

Kuhlenbeck, Ludwig (Hg.): *Giordano Bruno. Gesammelte Werke*. 6 Bände, Eugen-Diederichs Verlag, Leipzig-Jena 1904-1909.

Bd. 1: Giordano Bruno: *Das Aschermittwochsmahl*. Eugen-Diederichs Verlag, Leipzig 1904.

Bd. 2: Giordano Bruno: *Die Vertreibung der triumphierenden Bestie*. Eugen- Diederichs Verlag, Leipzig 1904.

Bd.3: Giordano Bruno: *Zwiegespräche vom unendlichen All und den Welten*. Eugen-Diederichs Verlag, Jena 1904.

Bd.4: Giordano Bruno: *Von der Ursache, dem Anfangsgrund und dem Einen*. Eugen-Diederichs Verlag, Jena 1906.

Bd.5: Giordano Bruno: *Eroici furori (Zwiegespräche vom Helden und Schwärmer)*. Eugen-Diederichs Verlag, Jena 1907.

Bd.6: Giordano Bruno: *Kabbala, Kyllenischer Esel, Reden, Inquisitionsakten*. Eugen-Diederichs Verlag, Jena 1909.

Rojas, Erika (Hg.): *Giordano Bruno. Das Unermessliche und Unzählbare. I. und II. Buch.(De Immenso et Innumerabilibus)*. Skorpion-Verlag, Peißenberg 1999.

Rojas, Erika (Hg.): *Giordano Bruno. Das Unermessliche und Unzählbare. III. und IV. Buch. (De Immenso et Innumerabilibus)*. Skorpion-Verlag, Peißenberg 1999.

Samsonow, Elisabeth von: *Giordano Bruno*. Deutscher Taschenbuch Verlag, München, 1999.

Samsonow, Elisabeth von: *Giordano Bruno – Über die Monas, die Zahl und die Figur als Elemente einer sehr geheimen Physik, Mathematik und Metaphysik*. Felix Meiner Verlag, Hamburg 1991.

III. Weiterführende Literatur:

Augustinus, Aurelius: *Über den dreieinigen Gott.* Herausgegeben und übersetzt von Michael Schmaus, Köfel-Verlag, München 1951.

Blum, Paul Richard: *Giordano Bruno.* Verlag C.H. Beck, München 1999.

Blumenberg, Hans: *Aspekte der Epochenschwelle. Cusaner und Nolaner.* Suhrkamp Taschenbuch Wissenschaft 174, Frankfurt a.M. 1976.

Brockmeier, Jens: *Die Naturtheorie Giordano Brunos.*

Erkenntnistheoretische und naturphilosophische Voraussetzungen des frühbürgerlichen Materialismus. Forschung Band 127, Campus Verlag, Frankfurt a.M., 1980.

Bubner, Rüdiger (Hrsg.): *Geschichte der Philosophie in Text und Darstellung. Bd. 2: Mittelalter.* Philipp Reclam Verlag, Stuttgart 1982.

Copernicus, Nicolaus: *Das neue Weltbild. Drei Texte: Commentariolus, Brief gegen Werner. De revolutionibus I.* Latein-Deutsch, herausgegeben und übersetzt von Hans Günther Zekl, Felix Meiner Verlag, Hamburg 1990.

Descartes, René: *Discours de la Méthode – Von der Methode des richtigen Vernunftgebrauchs und der wissenschaftlichen Forschung.* Französisch-Deutsch, übersetzt und herausgegeben von Lüder Gäbe, Felix Meiner Verlag, Hamburg 1960.

Eggert, Alexander: *Giordano Bruno – Die Biographie eines Günstlings.* Berlin-Friedenau 1998.

Eusterschulte, Anne: *Giordano Bruno zur Einführung.* Junius Verlag, Hamburg 1997.

Goethe, Johann Wolfgang Von: *Faust. Der Tragödie erster Teil.* Ernst Klett Schulbuchverlag, Stuttgart 1981.

Grassi, Ernesto: *Giordano Bruno – Heroische Leidenschaften und individuelles Leben. Eine Auswahl und Interpretation von Ernesto Grassi.* Verlag A. Francke AG, Bern 1974.

Grigulevic, J.R.: *Ketzer – Hexen – Inquisitoren. Geschichte der Inquisition (13.-20. Jahrhundert).* 2 Bde., Deb-Verlag, Westberlin 1985.

Grunewald, Heidemarie: *Die Religinsphilosophie des Nikolaus Cusanus und die Konzeption einer Religionsphilosophie bei Giordano Bruno.* 2. verbesserte Auflage, Gerstenberg Verlag, Hildesheim 1977.

Hammer, Felix: *Lebensregeln der Renaissance neu bedacht.* Edition Interform, Zürich 1995.

Hartkopf, Werner: *Die Dialektik in Schellings Transzendental- und Identitätsphilosophie-Studien zur Entwicklung der modernen Dialektik III.* Verlag Anton Hain, Meisenheim am Glan 1997.

Hartung, Ernst Bruno: *Grundlinien einer Ethik bei Giordano Bruno. Eine Abhandlung zur Erlangung der philosophischen Doktorwürde.* Druck von Hundertstund & Pries, Leipzig 1878.

Hawel, Peter: *Zwischen Wüste und Welt. Das Mönchtum im Abendland.* Kösel-Verlag, München 1997.

Hegel, G.W.F.: *Vorlesungen über die Geschichte der Philosophie.* Suhrkamp Taschenbuch Verlag, Frankfurt am Main 1971.

Heipcke, Klaus/ Neuser, Wolfgang/ Wicke, Erhard (Hg.): *Die Frankfurter Schriften Giordano Brunos und ihre Voraussetzungen.* VCH Verlagsgesellschaft, Weinheim 1991.

Hentschel, Beate: *Die Philosophie Giordano Brunos – Chaos oder Kosmos? Eine Untersuchung zur strukturalen Logizität und Systemazität des Nolanischen Werkes.* Peter Lang Verlag, Frankfurt a.M. 1988.

Hönigswald, Richard: *Denker der italienischen Renaissance. Gestalten und Probleme.* Verlag Haus zum Falken, Basel 1938.

Hoffmann, Thomas Sören: *Giordano Bruno.* In: Hogrebe, Wolfram (Hg.): *Bonner philosophische Vorträge und Studien.* Bouvier Verlag, Bonn 2000.

Hroch, Miroslav/ Skybova, Anna: *Die Inquisition im Zeitalter der Gegenreformation.* Kohlhammer Verlag, Leipzig 1985.

Jacobi, Friedrich Heinrich: *Über die Lehre des Spinoza in Briefen an den Herrn Moses Mendelssohn.* Felix Meiner Verlag, Hamburg 2000.

Jacobi, Klaus (Hg.): *Nikolaus von Kues. Einführung in sein philosophisches Denken.* Verlag Karl Alber, Freiburg/München 1979.

Kibéd, Alexander Varga von: *Die Philosophie der Neuzeit. Die großen Denker Europas. Von Giordano Bruno bis Kant.* Verlag Uni-Druck, München 1980.

Kues, Nikolaus von: *Die belehrte Unwissenheit. Band I.* Latein-Deutsch, herausgegeben und übersetzt von Paul Wilpert, Felix Meiner Verlag, Hamburg 1964.

Kues, Nikolaus von: *Die belehrte Unwissenheit. Band II.* Latein-Deutsch, herausgegeben und übersetzt von Paul Wilpert, Felix Meiner Verlag, Hamburg 1967.

Kues, Nikolaus von: *Die belehrte Unwissenheit. Band III.* Latein-Deutsch, herausgegeben und übersetzt von Gerhard Senger, Felix Meiner Verlag, Hamburg 1977.

Kuhlenbeck, Ludwig: *Giordano Bruno. Seine Lehre von Gott, von der Unsterblichkeit der Seele und von der Willensfreiheit.* Protestantischer Schriftenvertrieb 1913.

Läpple, Alfred: *Ketzer und Mystiker – Extremisten des Glaubens. Versuch einer Deutung.* Delphin Verlag, München 1988.

Leibniz, G.F.W.: *Vernunftsprinzipien der Natur und der Gnade – Monadologie.* Französisch-Deutsch, 2., verbesserte Auflage, Felix Meiner Verlag, Hamburg 1982.

Mittelstraß, Jürgen: *Neuzeit und Aufklärung. Studien zur Entstehung neuzeitlicher Wissenschaft und Philosophie.* Berlin 1970.

Nigg, Walter: *Das Buch der Ketzer.* Artemis Verlag, Zürich 1949.

Oelmüller, Willi/ Oelmüller-Dölle, Ruth: *Grundkurs Religionsphilosophie.* Wilhelm Fink Verlag, München 1982.

Reiner, Julius: *Giordano Bruno und seine Weltanschauung.* Verlag von Hermann Seemann Nachfolger, Berlin und Leipzig 1887.

Riehl, Alois: *Giordano Bruno. Zur Erinnerung an den 17. Februar 1600.* 2., neu bearbeitete Auflage, Verlag von Wilhelm Engelmann, Leipzig 1900.

Rill, Bernd: *Die Inquisition und ihre Ketzer.* Idea Verlag, Puchheim 1982.

Saenger, Werner: *Goethe und Giordano Bruno. Ein Beitrag zur Geschichte der Goethischen Weltanschauung.* Verlag von Emil Ebering, Berlin 1930.

Schelling, Friedrich Wilhelm Josef: *Bruno oder über das göttliche und natürliche Prinzip der Dinge.* Herausgegeben von Christian Herrmann, Felix Meiner Verlag 1954.

Sladek, Mirko: *Fragmente der hermetischen Philosophie in der Naturphilosophie der Neuzeit. Historisch-kritische Beiträge zur hermetisch-alchemistischen Raum- und Naturphilosophie bei Giordano Bruno, Henry Moore und Goethe.* Europäische Hochschulschriften Reihe 20/ Philosophie Bd. 156, Peter Lang Verlag, Frankfurt a.M. 1984.

Spinoza, Baruch de: *Descartes' Prinzipien der Philosophie auf geometrische Weise begründet mit dem 'Anhang, enthaltend metaphysische Gedanken'*. Übersetzt und herausgegeben von Artur Buchenau, Felix Meiner Verlag, Hamburg 1978.

Stein, Heinrich von: *Giordano Bruno. Gedanken über seine Lehre und sein Leben.* Georg Müller Verlag, München 1912.

Stern, Fred B.: *Giordano Bruno. Vision einer Weltsicht.* Verlag Anton Hain, Meisenheim Am Glan, 1977.

Tennemann, Gottlieb W.: *Geschichte der Philosophie.* 11 Bde., Johan Ambrosius Barth Verlag 1798-1819.

Trunz, Erich (Hrsg.): *Goethes Werke Band I. Gedichte und Epen I.* 13. Auflage, Verlag C.H. Beck, München, 1982.

Trunz, Erich (Hrsg.): *Goethes Werke Band XII. Schriften zur Kunst, Schriften zur Literatur, Maximen und Reflexionen.* 10. Auflage, Verlag C.H. Beck, München, 1982.

Verrecchia, Anacleto: *Giordano Bruno – Nachtfalter des Geistes.* Böhlau Verlag, Böhlau 1999.

Volkmann-Schluck, Karl-Heinz: *Nikolaus Cusanus. Die Philosophie im Übergang vom Mittelalter zur Neuzeit.* 3. Auflage, Vittorio Klostermann Verlag, Frankfurt a.M. 1984.

Wiedmann, Franz: *Anstößige Denker. Die Wirklichkeit als Natur und Geschichte in der Sicht von Außenseitern.* Dr. Johannes Königshausen und Dr. Thomas Neumann-Verlag, Würzburg 1988.

Wightman, W.P.D.: *Science in a renaissance society.* Hutchinson University Library, London 1972.

Winkler, Norbert: *Nikolaus von Kues zur Einführung.* Junius Verlag, Hamburg 2001.

Winter, Jochen: *Giordano Bruno. Eine Einführung.* Parerga Verlag, Düsseldorf 1999.

Yates, Frances A.: *Giordano Bruno in der englischen Renaissance.* Verlag Klaus Wagenbach, Berlin 1989.

IV. Zeitschriftenbeiträge:

Kirchhoff, Jochen: *„Die unheilige Allianz".* In: Der Spiegel 7 (2000), S. 206-210.

V. Sonstiges:

Schmidt, Burghart: *Zeitökonomie und Individualismus – Giordano Bruno und die Folgen.* Vortrag im Rahmen des Symposions Europäische Vektoren – Interaktive Zeiträume

http://thing.at/ejournal/essay/schmigb.html, Wien 1995.

www.ingramcontent.com/pod-product-compliance
Lightning Source LLC
Chambersburg PA
CBHW030301010526
44108CB00038B/1080